AF618755

JUNGE KUNST

ALEXANDER ARCHIPENKO

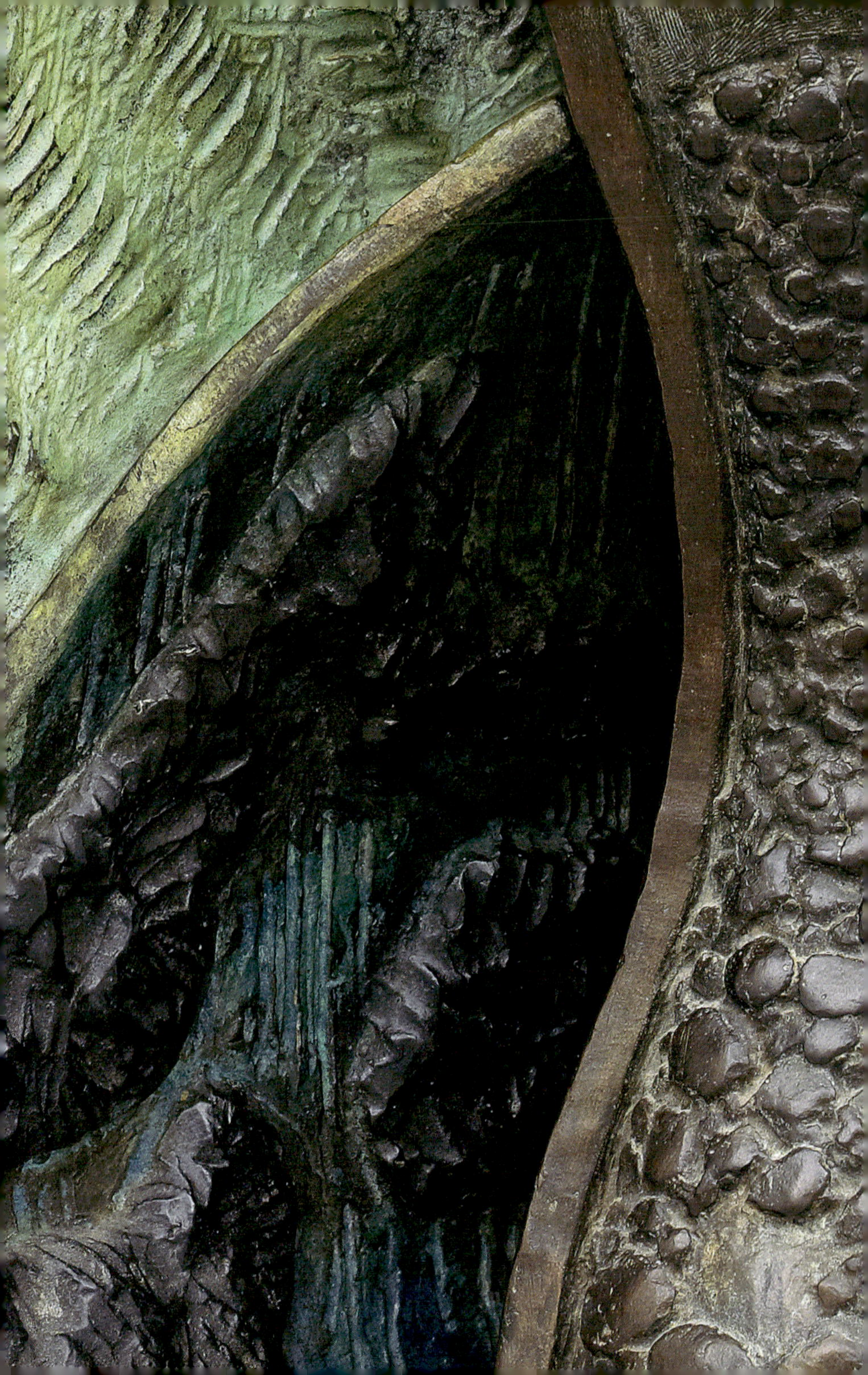

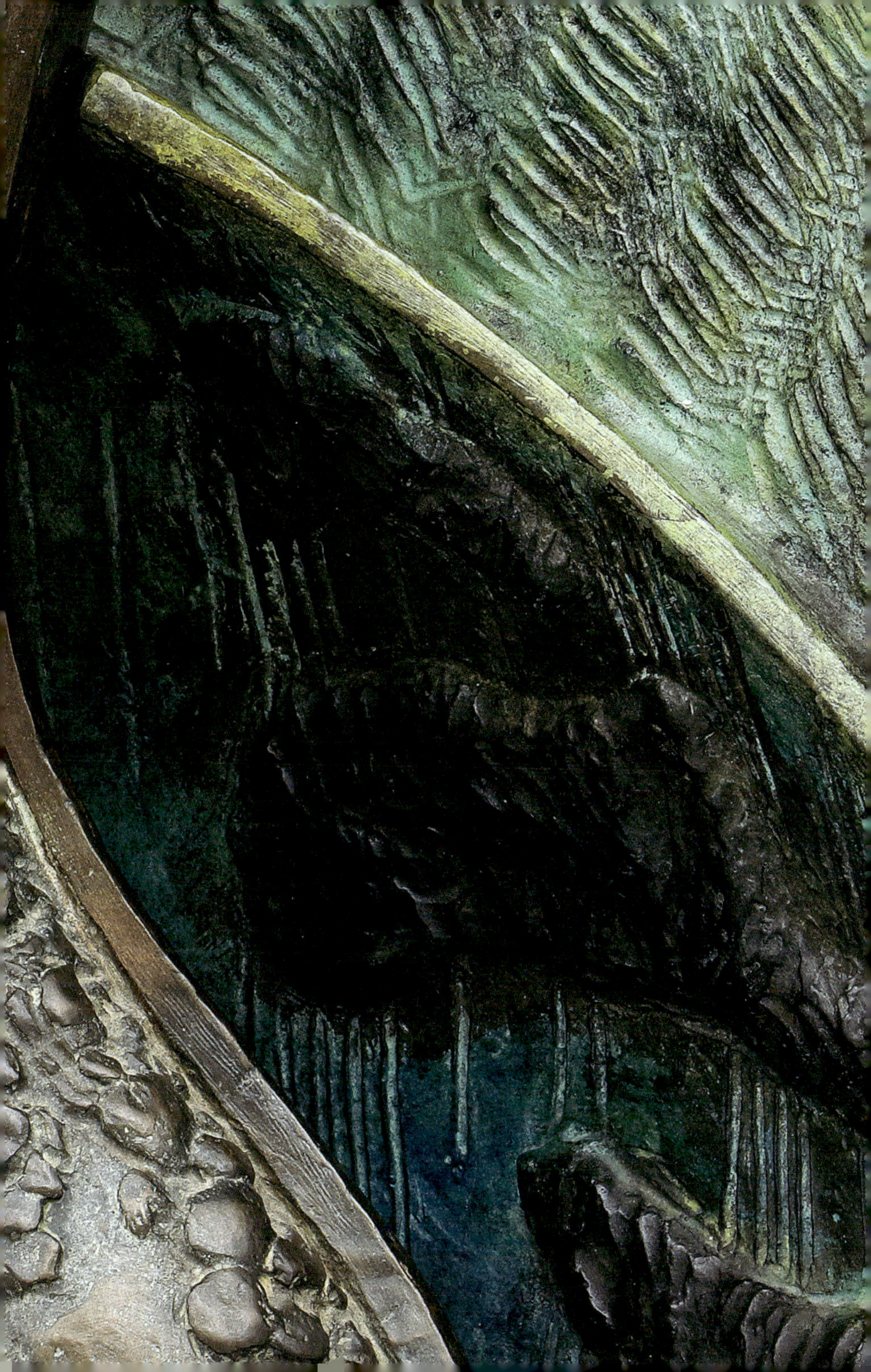

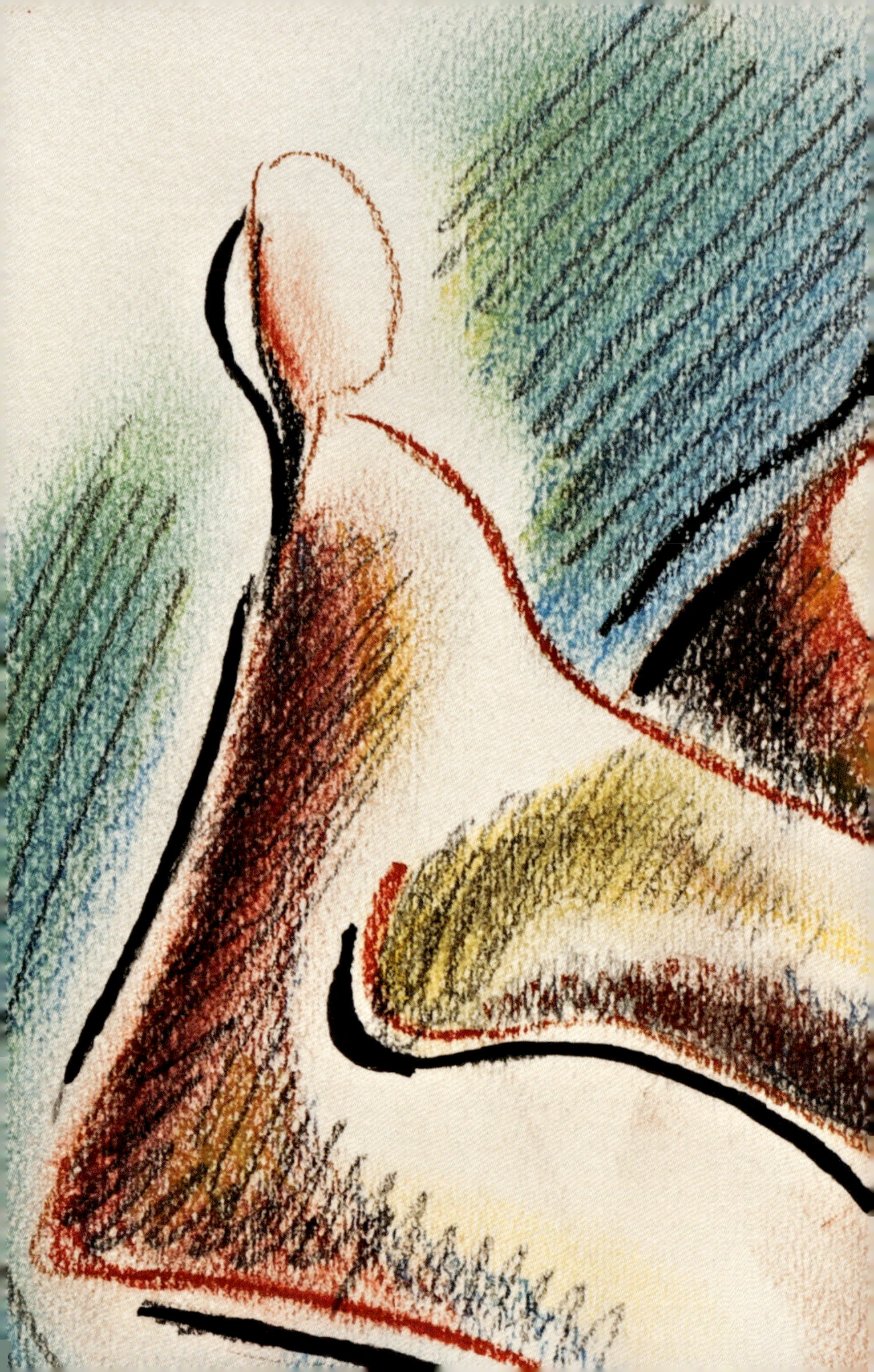

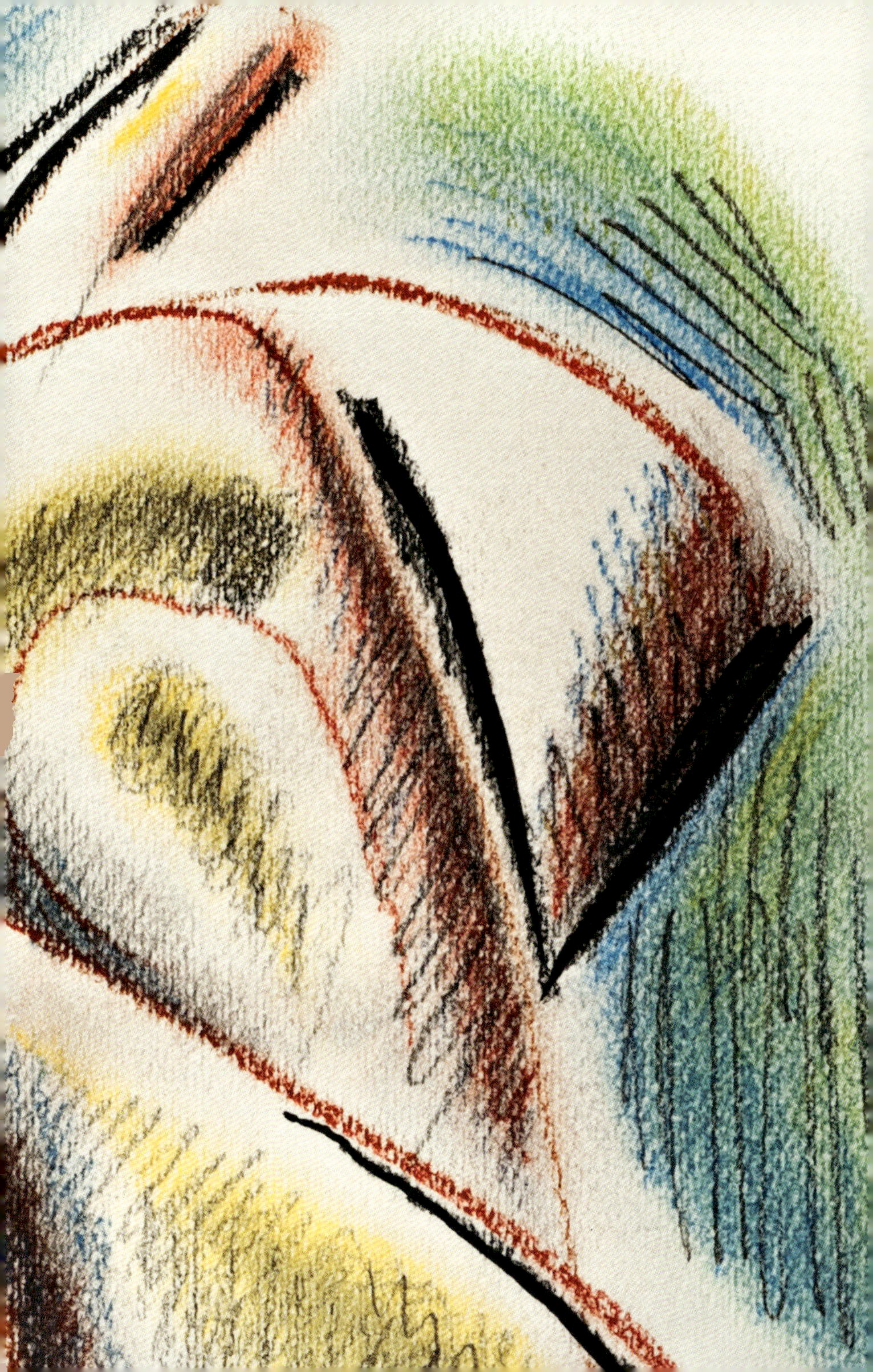

17

ALEXANDER ARCHIPENKO

MIT EINEM BEITRAG VON
Frances Archipenko Gray

KLINKHARDT
& BIERMANN

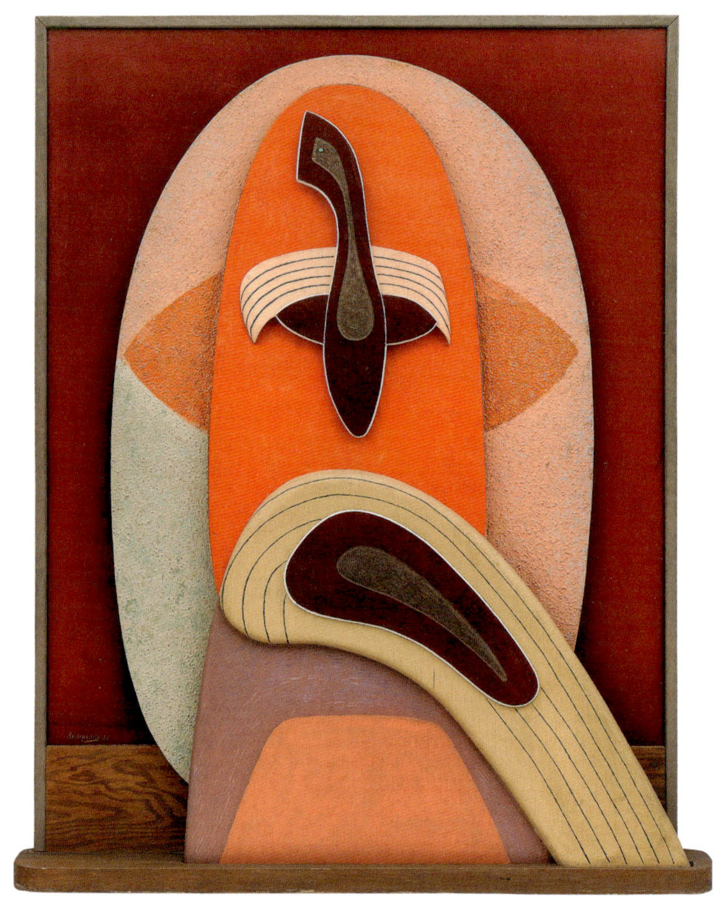

ALEXANDER ARCHIPENKO
Red, 1957, Holz, Bakelit, Türkis, Farbe,
Frances Archipenko Gray Collection

INHALT

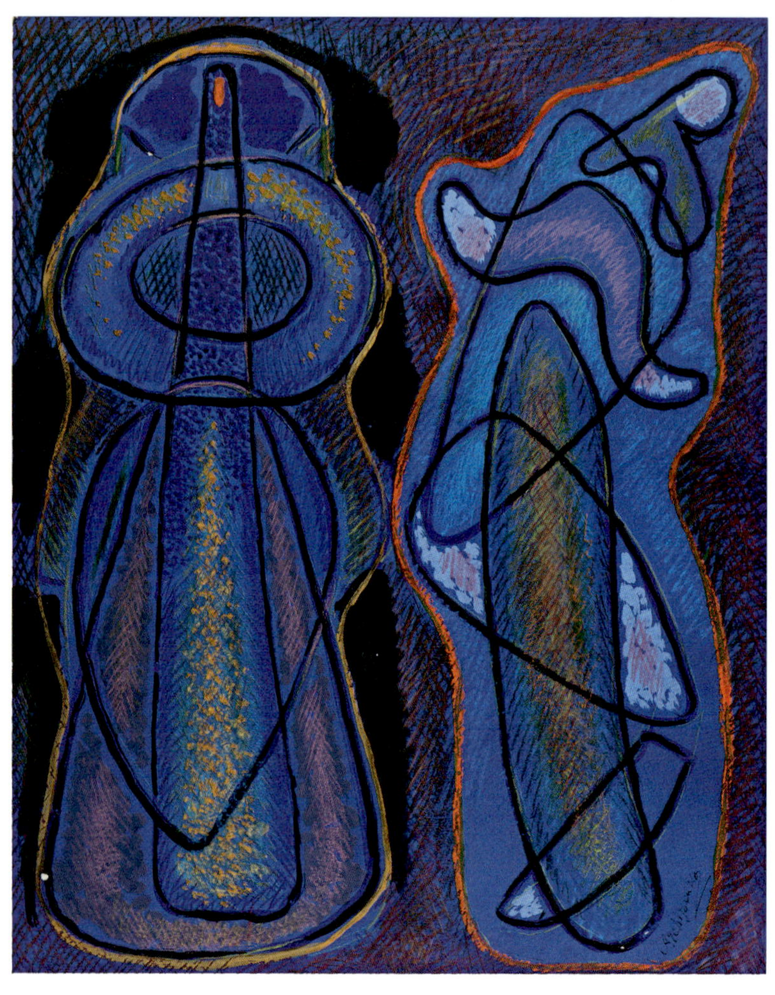

1 *Prophet and Woman*, 1961, Pastell und Gouache auf Karton,
Frances Archipenko Gray Collection

»MEIN LEBEN MIT ALEXANDER ARCHIPENKO«

Frances Archipenko Gray

Als mein neuer Lehrer die Tür zu dem hellen Zimmerchen öffnete, in dem ich den Sommer 1955 über wohnen sollte, spürte ich seinen forschenden Blick. Vor mir, einer schüchternen 19-jährigen Studentin, stand Alexander Archipenko, der berühmte Bildhauer im Alter von 68 Jahren. Ich war von ihm fasziniert. Sein Auge drang bis ins Innerste selbst alltäglichster Dinge: ein loser Ast, der an der Fensterscheibe kratzte, ein verfärbtes Stück Leiste, die abgewetzten Ecken meines Koffers. Die Aufmerksamkeit, die er jedem Detail widmete, schien den Raum aufzuheizen.

Ich wollte den Sommer auf dem gut fünf Hektar großen Areal der Archipenko Art School im Norden von New York verbringen, bevor ich in Yale mein Studium bei Josef Albers aufnahm. Das Hauptgebäude, das Archipenko selbst aus Altmaterialien errichtet hatte, stand inmitten der feuchten Reste eines Steinbruchs wie in einer natürlichen Festung; in eine der Außenmauern war sogar ein Felsvorsprung integriert. Zwischen diesem Haus und der Wohnung meiner Eltern in Scarsdale – inklusive ihrem Country Club, Golfplatz und konservativen Leben als jüdische New Yorker Mittelstandsfamilie der zweiten Generation – lagen Welten. Mit dem Studium bei Archipenko wollte ich mir einen weiteren Sommer in Scarsdale ersparen, doch ohne es zu ahnen, begann für mich damit ein ganz neuer Lebensabschnitt.

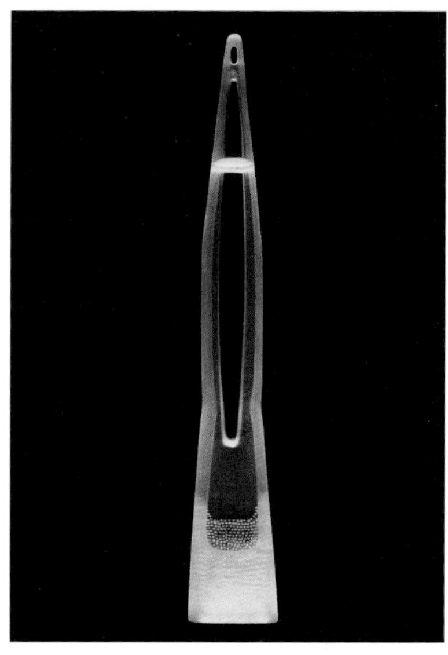

2 *Spirit*, 1956, Acrylglas mit elektrischer Beleuchtung, Norton Simon Museum, Pasadena, CA

DAS ATELIER ALS UNIVERSUM

Das Schwirren, Schleifen und Hämmern, das aus Archipenkos Atelier drang, übertönte die stillen Waldgeräusche. Es klang wie in einer Fabrik. Als er mich in der Tür zum Studio bemerkte, winkte er mich lächelnd herein, stellte den Kompressor ab und zeigte mir die Acrylglasplastik *Spirit* (2), an die er gerade letzte Hand anlegte. Da Acrylglas das Licht anders bricht als Glas oder Kristall, konnte er das Erscheinungsbild steuern und auf diese Weise Licht in Form verwandeln.

Danach lud Alexander mich in das benachbarte Atelier ein, in dem er modellierte. Mitten im Raum stand ein gut eineinhalb Meter hohes Gipsmodell mit glatter Oberfläche und stromlinienförmiger Silhouette. Es war *Vase Woman III (Ray;* 3*)*, eine neue, größere Variante einer Arbeit von 1918/19. Indem er die Originalskulptur *Vase Woman* (4) in Lebensgröße übersetzte, moderne Materialien verwendete und die Oberfläche so behandelte, dass Licht einfallen und sanft wieder abstrahlen konnte, gab er dem ursprünglich als Gefäß dienenden Objekt eine ansprechendere Gestalt. Ich sah ihm bei der Arbeit zu, konnte aber nicht erkennen, wo seine Energie und Bewegung anfing oder endete. Sein Atelier war sein

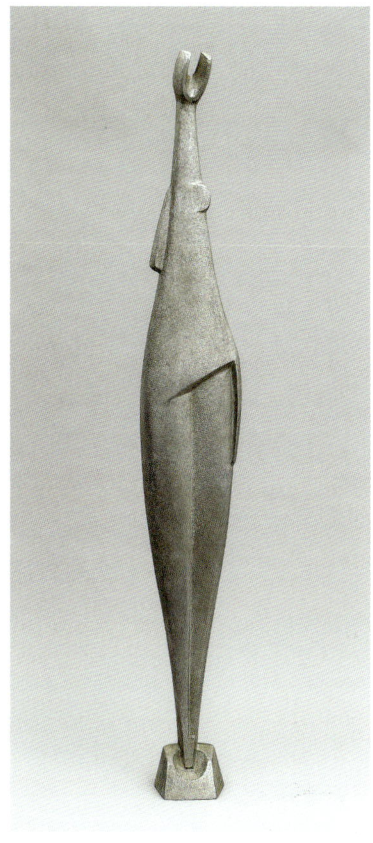

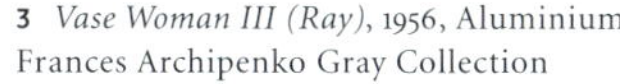

3 *Vase Woman III (Ray)*, 1956, Aluminium, Frances Archipenko Gray Collection

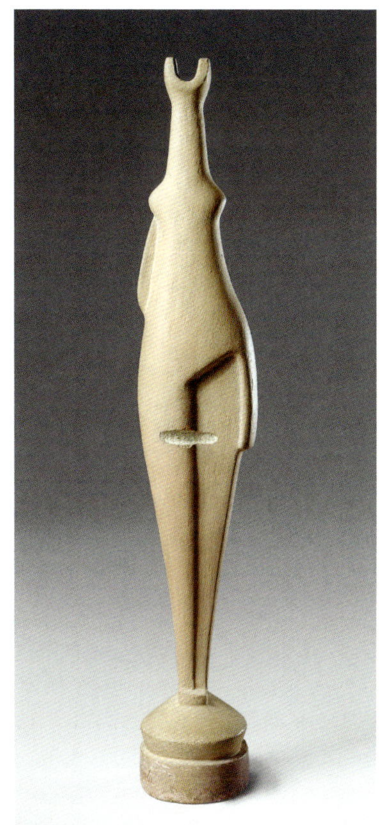

4 *Vase Woman*, 1918/19, Kunststein, Hirshhorn Museum and Sculpture Garden, Washington, DC

Universum – voller rotierender Werkzeuge und schabender Geräusche. Wenn er arbeitete, wirkte er niemals gestresst und nahm stets eine athletische Haltung ein. Zwischen ihm, seinem Werkzeug und seiner Skulptur gab es keine Grenzen, Messer, Spachtel oder Handsäge wurden dann Teil seines Körpers. Wer ihn beobachtete, begriff, warum wir in Livekonzerte gehen: Wir wollen nicht nur Musik hören, sondern erleben, wie die Musiker ihre Instrumente bedienen.

Ich erinnere mich, dass Archipenko mich durchdringend ansah: »Wenn du ein Künstler sein willst, musst du hart arbeiten«, sagte er. »Und wenn du damit aufhörst, stirbst du.«

Vielleicht spürte Alexander, dass ich die Welt durch seine Augen sehen wollte. Jedenfalls zog er mich mehr und mehr den anderen Schülern vor. Wenn er an meinem Platz stehen blieb und erklärte, »du solltest ein Stillleben malen«, dröhnte seine tiefe Stimme durch das ganze Atelier, dabei sprach er nur mit mir. Zu Beginn meines Kunststudiums erwartete ich feste Regeln und schrieb mich deshalb an der Yale School of Design ein. Archipenko hingegen beachtete weder Regeln noch Grenzen und gab auch keine an seine Schüler weiter. Als ich anfing, meinen Gemälden mit dem Palettmesser eine intensivere Struktur zu verleihen, sprachen die Farben mich ganz anders an. Sie erzeugten eine Resonanz wie eine elektrostatische Aufladung. Ich stand komplett unter Spannung, und der Strom, der mich elektrisierte, war Archipenko selbst.

Kurz darauf hatte Archipenko eine weitere Aufgabe für mich: Ich sollte sein Manuskript *Fifty Creative Years* abtippen. Abends gab er mir in seinem privaten Atelier einen Stapel Manuskriptseiten und eine alte Olivetti-Schreibmaschine. Dann setzte er sich ans Klavier und improvisierte eine Zigeunerweise. Mein Tipp-Stakkato untermalte die Melodie, die er sang. Das Manifest war über längere Zeit aus seinen Vorlesungen entstanden, zugleich jedoch eine aggressive Streitschrift gegen die massive Kritik an seinem Werk – teils Verteidigung, teils Vergeltungsschlag. Er legte darin die Theorien und philosophischen Standpunkte dar, die sein künstlerisches Schaffen prägten.

Op Art, Pop Art, Minimal Art und Prozesskunst waren mittlerweile in aller Munde, und das letzte Wort über alles Neue hatte das New Yorker Museum of Modern Art. Trotz seiner modernen Werkstoffe galt Archipenko als passé. Abstraktion um der Abstraktion willen und andere Trends blieben ihm ebenso fremd wie früher Kubismus, Futurismus und Surrealismus. Der Dadaismus, den Alexander mied und verachtete, gab vielleicht den Anstoß dazu, dass er der New York School der 1950er und 1960er Jahre den Rücken kehrte.

Seine Schwierigkeiten waren allerdings zum Teil hausgemacht. Seine Entfremdung von der zeitgenössischen Kunstwelt beruhte ein gutes Stück auf seinem Bruch mit dem MoMA und dem hiesigen Direktor Alfred Barr im April 1944. Innerhalb des Konflikts waren zwei Punkte von zentraler Bedeutung, die in einen zehnjährigen hitzigen Briefwechsel zwischen beiden mündeten und das Ansehen Archipenkos bis heute beeinträchtigen: Rückdatierung und Reproduktion. Obwohl manche seine künstlerischen Leistungen würdigten und ihn anspornten, stand er nach seiner Auseinandersetzung mit Barr im Abseits. Kein Künstler durfte sich damals mit der mächtigen New Yorker Kunstszene anlegen.

EIN STIER ALS TOTEMTIER

Eines Abends ließ mich Alexander mit dem Tippen aufhören, goss Wodka in ein kleines Marmeladenglas und erzählte mir von seiner Kindheit in Kiew. Er war bei einem Fahrradunfall verletzt worden, woraufhin sich die Wunde entzündete und eine Knochentuberkulose auslöste. Dass er sein Bein nicht verlor, verdankte er der Weitsicht seiner Mutter. Als der Hausarzt eine Amputation empfahl, trieb sie auf dem Lande einen traditionellen Heiler auf, der die Wunde brutal verödete, bis die Entzündung abklang. Selbst nachdem sie verheilt war, blieb Alexander noch ein Jahr lang ans Bett gefesselt. Die Zeit vertrieb er sich mit Kunst. Sein Großvater – ein Ikonenmaler – setzte sich zu ihm und brachte ihm das Zeichnen bei.
Die künstlerische Betätigung hatte Alexanders Heilungsprozess zweifellos auf tiefenpsychologischer Ebene unterstützt. Anders als viele Männer seines Alters war er körperlich und geistig ein Energiebündel. Als ich an jenem Abend den Deckel über die Schreibmaschine stülpte, dachte ich, dass sein Totemtier der Stier sein musste, denn sein Körper war stets bereit, loszustürmen, und an Ausdauer fehlte es ihm nie, ganz gleich, ob er eine Plastik fertigstellte, das Dach reparierte oder seine Studenten betreute.

DIE VIERTE DIMENSION

Als ich Archipenko kennenlernte, waren seine Arbeiten wieder abstrakter geworden. Dennoch entstanden Mitte der 1920er Jahre viele Porträts seiner Frau Angelika. Sie stammte aus einer angesehenen deutschen Familie und war selbst eine erfolgreiche Bildhauerin, als sie 1921 heirateten und 1923 in die USA auswanderten. Nach einem Schlaganfall in den 1950er Jahren saß sie im Rollstuhl, doch obwohl die körperliche Beziehung zwischen den beiden schon geraume Zeit vor Angelikas Erkrankung endete, war ihr

Zusammenhalt ungebrochen. Ihr Verhältnis hatte sich zu einer stabilen emotionalen sowie geistigen Partnerschaft und einer häuslichen Gemeinschaft entwickelt.
Über ein Dutzend Werke tragen ihren Namen im Titel, darunter auch die bekannte Figur *Angelica* von 1925, die er nach ihrem Tod 1957 in *Angelica's Sarcophagus* (5) umbenannte. Der Titel weist darauf hin, dass diese Plastik sich auf eine reale Person und ihren letzten Ruheplatz bezieht, doch ging es Archipenko bei dieser Arbeit zugleich um Sterblichkeit und Verlust. Als er jene Themen in Formen übersetzte, machte er Gebrauch von vielen seiner berühmten bildhauerischen Neuerungen, allen voran dem negativen Leerraum. Den fehlenden Arm der Figur ergänzt der Betrachter spontan im Geist, und der vorhandene Arm umgrenzt den Raum dahinter wie ein Rahmen, der den Schwung der Augenkontur wiederholt. Allerdings geht es bei Archipenkos Plastiken um weit mehr als den Werkstoff. Bei dieser Skulptur ist der Körper sichtbar ausgehöhlt wie eine Schale, die auf eine unsichtbare Welt verweist und seine Suche nach der – spirituellen – vierten Dimension versinnbildlicht.

NEULAND

Während ich den Sommer über mit Schnitzwerkzeugen, Farbe und Textur eigene Plastiken schuf, war mein Leben voller Magie. Alles um mich herum wirkte neu und lebendig. Irgendjemandes Frau zu werden, kam mir nicht in den Sinn – ich wollte Künstlerin sein, in einem farbbeschmierten Hemd und mit Tonstaub im Haar.
Die Liebe zur Kunst beherrschte alle meine Entscheidungen, und Alexander untermauerte sie auf rationaler Ebene. Bevor ich mir dessen bewusst war, zogen mich seine Unbefangenheit und Selbstbeherrschung unwiderstehlich an. Die ganze Fülle eines Lebens, das frei von Angst ist und sich Neues, noch Unerprobtes zu eigen macht, war ein faszinierendes Vorbild. Gedanken wie diese stürzten mich in ein unerforschtes Neuland, in dem sich alles um den Fixpunkt Alexander Archipenko drehte.
Er brauchte mich nicht zu verführen. Dass er mein erster Liebhaber, fast 50 Jahre älter als ich und mit einer körperlich eingeschränkten Frau verheiratet war, die er innig liebte, schien eine dauerhafte Beziehung zwischen uns zu erschweren oder sogar auszuschließen. Wir gingen sie dennoch ein.

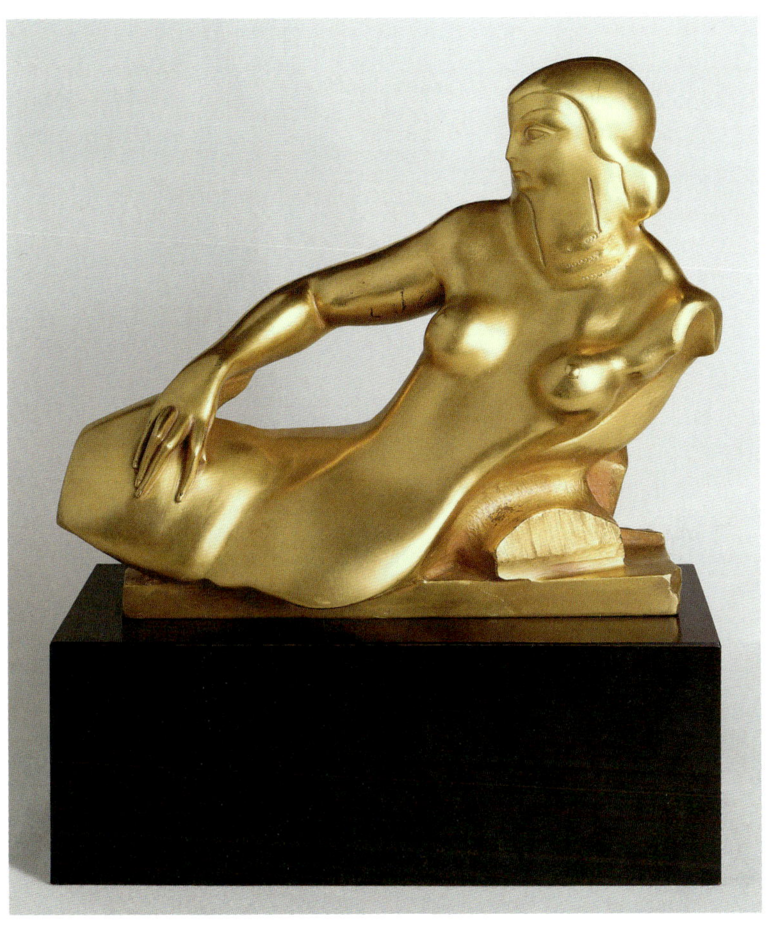

5 *Angelica's Sarcophagus*, 1925, Bronze vergoldet, Sheldon Museum of Art, Lincoln, NE

Im Herbst 1955 kehrte ich nach nur sechs Wochen Unterricht der Yale School of Design den Rücken, weil ich die Lehrmethoden dort als eintönig und demütigend empfand. Ich setzte mein Studium an Alexanders Schule in Manhattan fort, wo er und Angelika jeweils den Winter verbrachten. Bald waren wir unzertrennlich.

IN DER KUNSTSZENE

Im November 1956 begleitete ich Alexander zur Vernissage der *Annual Exhibition* im Whitney Museum of American Art. Seinen Bekannten stellte er mich zuvorkommend nicht als »Studentin« vor, sondern als »begabte junge Bildhauerin«.

Von dem Potpourri aus Werken von Alexander Calder bis Joseph Cornell erregte Archipenkos *Revolving Figure (The Art of Reflection;* 6) die meiste Aufmerksamkeit. Die fast zwei Meter hohe, rotierende Mixed-Media-Konstruktion war unübersehbar. Wie so oft bei seinen experimentellen Werken besaßen Form und Material eine immanente Symbolik. In dem schlichten Konstrukt von einem rotierenden Sockel und vier Ebenen, die sich im rechten Winkel durchschnitten, verarbeitete Alexander sein Interesse an Bewegung, Umlaufbahnen und Spiegelungen. Die unterschiedlich geformten Sperrholzflächen verkleidete er mit Resopalplatten und Chrom, andere wiederum beklebte er mit Perlmuttstücken von Abalone-Schneckenhäusern. So vereinte er natürliche und industrielle Werkstoffe wie schon 1954 bei seiner Arbeit *Oceanic Madonna* (31).

Von allen Plastiken der Ausstellung besprach die *New York Times* allein *Revolving Figure* als einzige Überraschung zwischen den düster akademischen Arbeiten, die damals überwogen. Immerhin war das verhaltene Lob des Rezensenten zutreffend: »Die plastische Abteilung (mit 43 Exponaten) in der Whitney ist kleiner und meiner Meinung nach weniger lohnend als in den letzten Jahren. [...] Aufmerksamkeit weckt noch am ehesten eine Plastik von Alexander Archipenko, schon aufgrund ihrer Neuartigkeit.«[1]

6 *Revolving Figure (The Art of Reflection)*, 1956, Holz, Perlmutt, Metall, Frances Archipenko Gray Collection

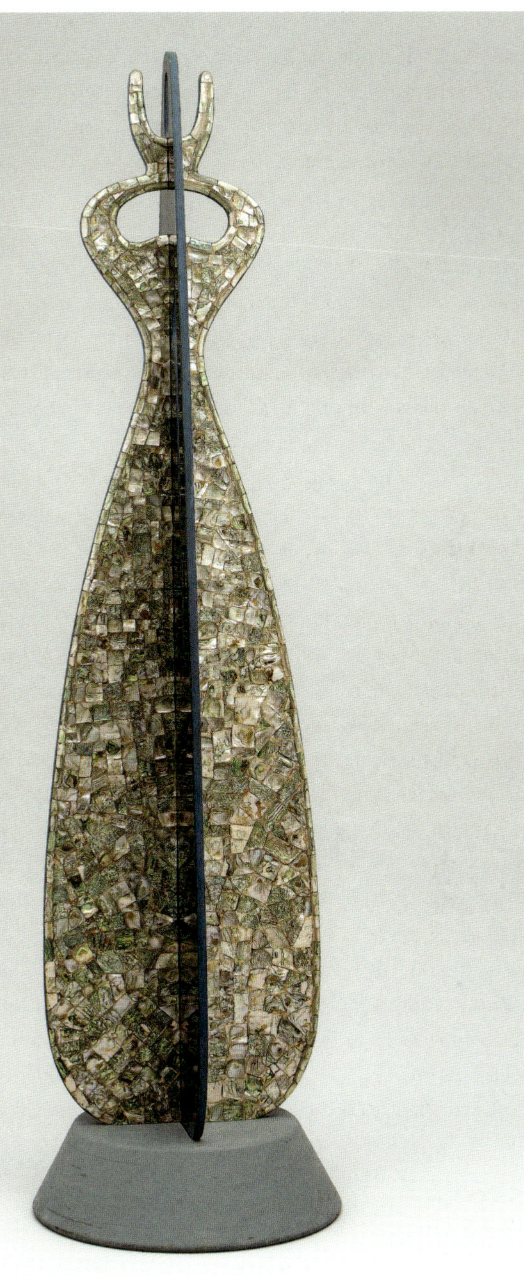

Drei Monate zuvor hatte die Presse Archipenko in Vancouver zum wichtigsten Bildhauer des 20. Jahrhunderts gekürt, mit der Aussage, er besitze für die Bildhauerei denselben Stellenwert wie Picasso für die Malerei. Die University of British Columbia hatte ihm einen Lehrauftrag angeboten, zu der Zeit, als Sir Herbert Read an der Summer School lehrte. All das belegt Archipenkos ungebrochenen Status, den er in Europa bei den Intellektuellen einer bestimmten Generation genoss.

Doch im Gegensatz zur Pariser intellektuellen Bohème oder zur Berliner Avantgarde wurde er in New York zunehmend ausgegrenzt. Anstatt ihm in seiner Rolle als Vorreiter positiver Entwicklungen Ansehen einzubringen, entfremdeten seine Experimente mit modernen Werkstoffen ihn zusehends der Kunstszene. Das führte dazu, dass Alexander Archipenko als »Kubist« abgestempelt und sein Werk »schon aufgrund seiner Neuartigkeit« abgelehnt wurde.

Aus Alexanders Sicht lag gerade in der Neuerung die Besonderheit von *Revolving Figure*. In dem großen kinetischen Objekt kombinierte er erstmals reflektierende, schillernde synthetische und natürliche Werkstoffe und erreichte damit ein Zusammenwirken spiritueller und alltäglicher Kräfte. Die ambivalente Reaktion ließ ihn kalt – sein eigenes Urteil zog er nie in Zweifel. Auch wenn man seine Bedeutung an seinen berühmten frühen Plastiken maß, beruhten seine frechen Mixed-Media-Arbeiten auf seiner ureigenen Theorie und Sensibilität, weit weg von aktuellen Trends. Es gab für ihn keinen Grund, etwas zu schaffen, nur weil das Publikum es erwartete. Er machte es einfach.

EXPERIMENTE

Bei der Vernissage in der Whitney Gallery lernte ich den Kunsthändler Klaus Perls kennen, der später eine große Rolle für Alexanders Karriere und seinen Nachlass spielen sollte und letztlich beidem schadete. Damals freute sich Alexander jedoch über die Ausstellung bei einem der führenden Kunsthändler in New York City, der auch gute Verbindungen nach Europa

7 *Orange and Black*, 1957, Holz, Metall, Bakelit, Frances Archipenko Gray Collection

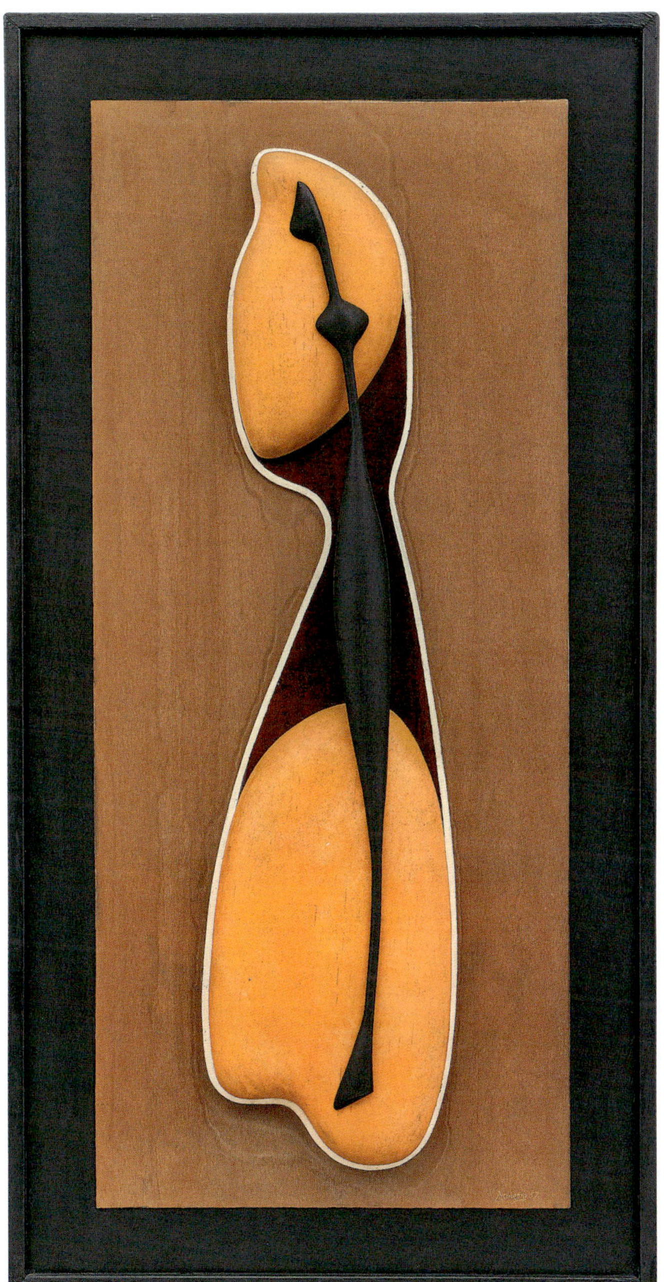

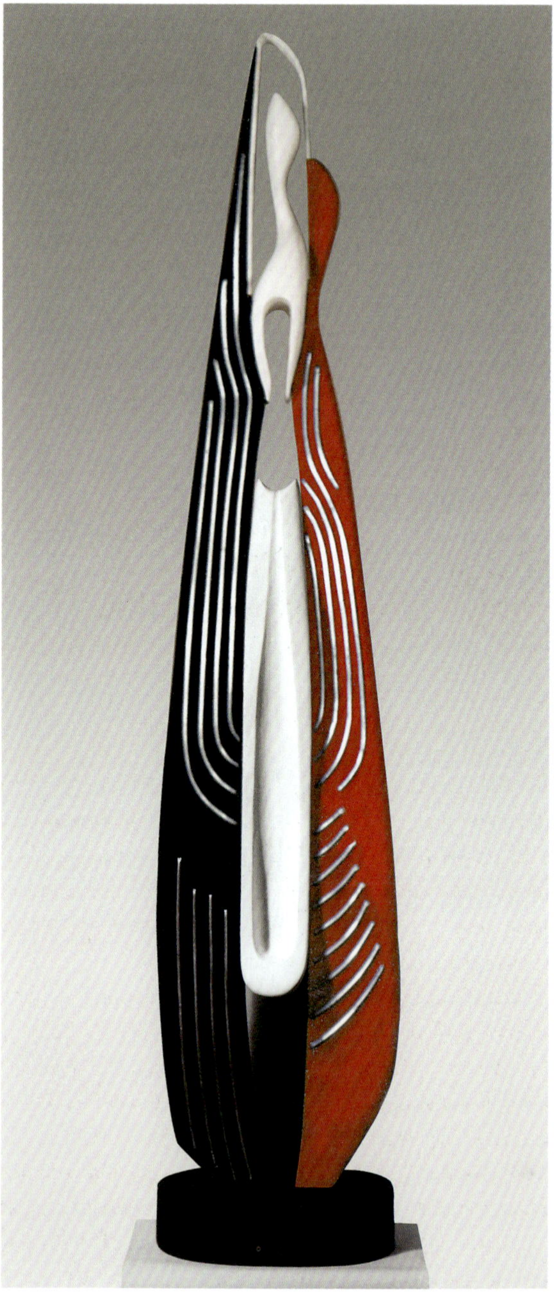

8 *Black, White and Red*, 1957, Holz, Metall, Farbe, Privatsammlung Courtesy Galerie Gmurzynska

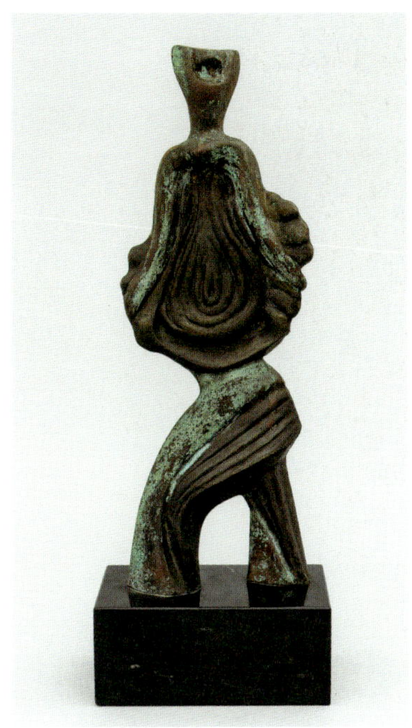

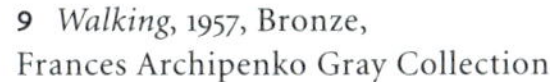

9 *Walking*, 1957, Bronze,
Frances Archipenko Gray Collection

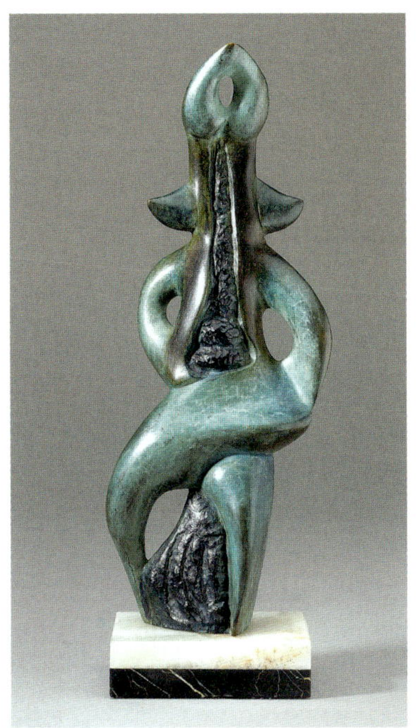

10 *Who Is She?*, 1957, Bronze,
Privatsammlung

besaß. Sobald Perls Archipenko förderte, zeigten auch andere Händler und Sammler erneutes Interesse. Im Jahr darauf, ab Oktober 1957, zeigte Perls Galleries an der Madison Avenue Alexanders jüngste polychrome Plastiken und »Skulpto-Malereien« (Wandreliefs). Die Plastiken sahen fabelhaft aus, wie sauber gewaschene und gekämmte Kinder. Auf frisch gestrichenen Podesten und in Glasvitrinen glänzten sie im Licht.

Über die acht Skulpto-Malereien aus dem Jahr 1957 hinaus gab es dort Mixed-Media-Konstruktionen und Arbeiten aus Acrylglas, Terrakotta, Aluminium, Holz, Bronze und Marmor in Formaten von 16 bis 245 Zentimetern. Alle entstanden zwischen 1954 und 1957, und bei den meisten Entstehungsprozessen hatte ich zugesehen.

Bei *Orange and Black* (7) hatte Alexander in meinem Beisein vermutlich erstmals SculptMetal verwendet, eine Art Modelliermasse, die es überall zu kaufen gab. Er polierte die Oberfläche spiegelglatt und malte sie anschließend schwarz an. Bei demselben Stück benutzte er die Rückseite

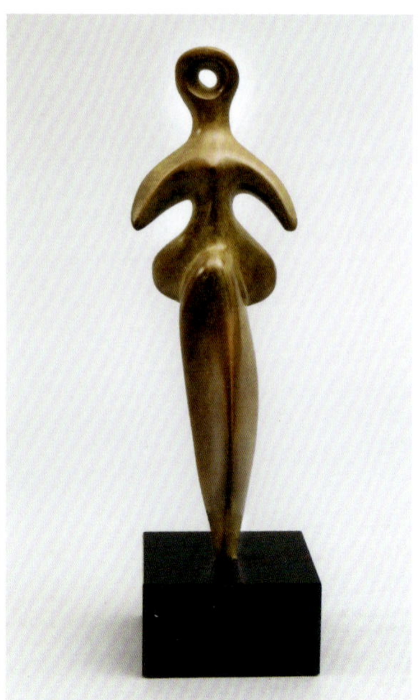

11 *Flying*, 1957, Bronze,
Frances Archipenko Gray Collection

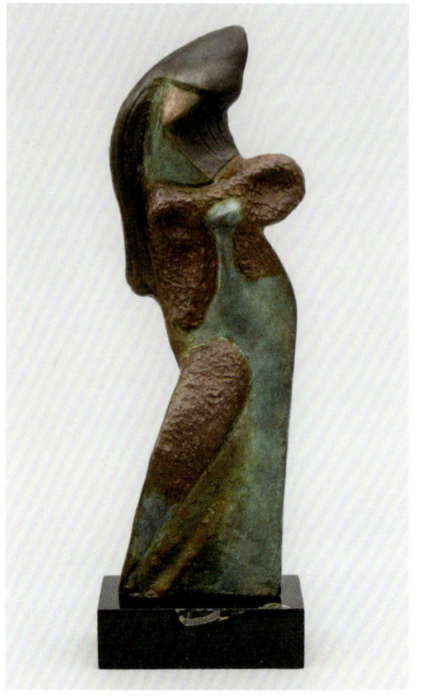

12 *Espanola*, 1957, Bronze,
Frances Archipenko Gray Collection

einer Bakelitplatte, das in keinem anderen Werk vorkommt. Der oft übersehene Clou bei *Black, White and Red* (8) sind die parallelen Linien aus Lötzinn, die das Werk lebendig machen. Alexander bemalte dieses Stück mit vorgemischter Fassadenfarbe und befestigte die Teile mit biegsamen Aluminiumstreifen.

Während ich noch die neuen Werke bestaunte, zog es die Sammler zu den sieben kleinen Bronzestatuetten, die Alexander in den wenigen Sommermonaten in Woodstock modelliert, gegossen und ausgearbeitet hatte: *Walking* (9), *Lying Horizontal Figure, Who Is She?* (10), *Flying* (11), *Espanola* (12), *Dancer* (13) und *Gold and Black*. Leider war die Ausstellung weder bei den Kritikern noch finanziell ein Erfolg. Die 17 Experimentalarbeiten aus völlig ausgefallenen Materialien weckten kein Interesse, sondern Abscheu. Die neuen, radikaleren Konstruktionen von Alexander entsprachen keineswegs den Erwartungen. Die Rezensenten bezeichneten sie bestenfalls als »exzentrisch«. Was Sammler und Publikum wollten, war der Archipenko von früher – die vertrauten Bilder, die er in Europa schuf unter der Ägide

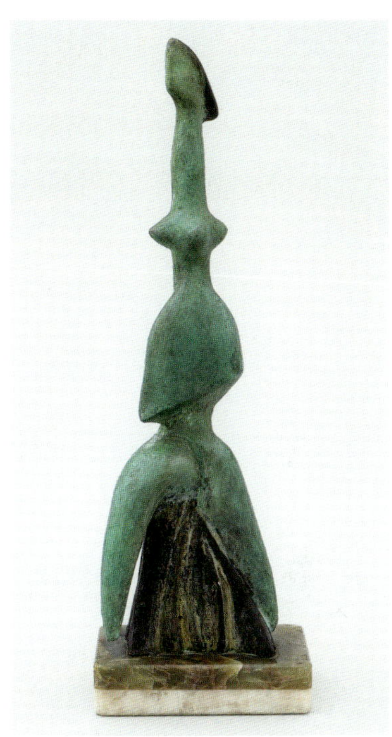

13 *Dancer*, 1957, Bronze, Frances Archipenko Gray Collection

seines deutschen Mäzens Herwarth Walden, der die internationale Avantgarde förderte. Diese frühen Werke sammelten damals Kunstliebhaber wie Katherine Dreier, die ihren Bestand später der Yale University und dem Guggenheim Museum vermachte. Auch Joseph Hirshhorn sammelte klassisch moderne Archipenkos aus dem frühen 20. Jahrhundert als dokumentierten, unangefochtenen Teil der Kunstgeschichte.

Alexander las die schlechten Kritiken zwar, hielt sich damit aber nicht auf. Er war überzeugt, dass sein Name aus der Geschichte nicht mehr zu tilgen war. Trotz aller düsteren Stimmungen nahm er die amerikanischen Kritiker nie so wichtig wie sie sich selbst. Er wusste es einfach besser. Als schöpferischer Künstler blickte er weiter als sie. Er dachte aber auch pragmatisch: Verkäufe spülten Geld in die Kasse, und kommerzieller Erfolg war ein Grund, warum Sammler und Händler seine Kunst schätzten. Mit Rückendeckung von Klaus Perls brachte Alexander nun sein Kunstschaffen auf folgende Formel: Die Sammler bevorzugten Bronzeabgüsse von Werken, die aus Ausstellungen bekannt waren oder deren schriftliche

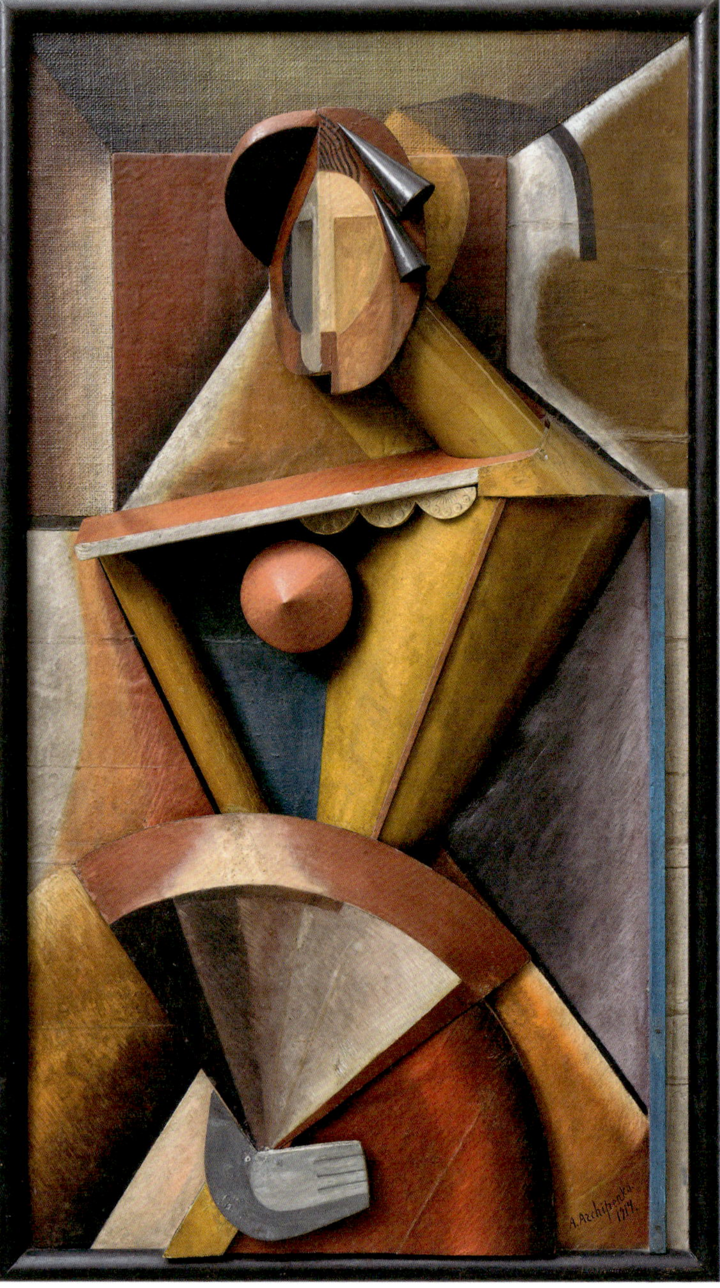
A. Archipenko 1914

Rezensionen ihrem Erschaffer historische Bedeutung bescheinigten. Also produzierte er Varianten, zeitgenössische Gipsmodelle seiner berühmten frühen Werke, oft in verschiedenen Größen, und ließ sie in Bronze gießen. Wenn er eine alte Idee recyceln musste, dann tat er das eben.

Eine Variante ist eigentlich die Neuinterpretation eines älteren Originals. Ein Werk kann zu einer ganzen Reihe Varianten in gleicher oder anderer Größe inspirieren, die man wiederum in unterschiedlichen Materialien vervielfältigen kann. Seit Michelangelo produzierten alle Bildhauer oder ihre Gehilfen Varianten.

Als Alexander versuchte, an seine früheren Erfolge anzuknüpfen, war er noch immer auf Entdeckungsreise, denn die alten Ideen regten ihn zu neuen an. *Woman with Fan* (14) von 1914, das im Museum Tel Aviv hängt, ist eine Collage beziehungsweise Konstruktion aus Holz, Blech, einer Glasflasche und einem metallenen Trichter. Bei seiner neuen Bronzeversion ging es eher um bewegliche Schatten, Reflexionen und Räumlichkeit. Zugleich gemahnt diese Variante gewissermaßen an die Zerbrechlichkeit des frühen Werks. Im gesamten Jahr 1958 erstellte Alexander neue Versionen

14 *Woman with Fan*, 1914, Holz, Blech, Glasflasche, Metalltrichter, Farbe, Tel Aviv Museum of Art

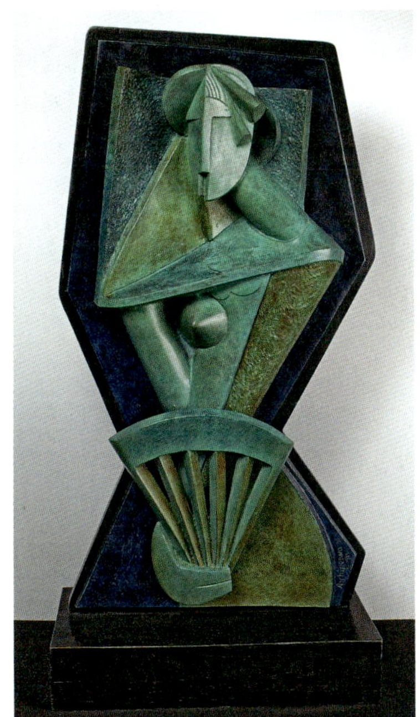

15 *Woman with Fan*, 1914/62, Bronze, Art Gallery of Hamilton, Ontario, Kanada

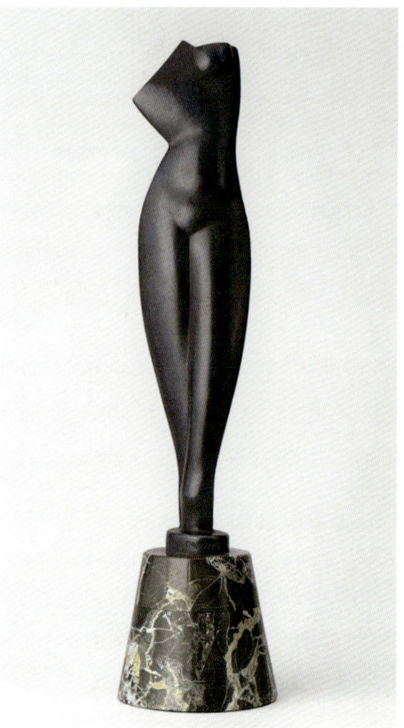

16 *Flat Torso*, 1914, Bronze,
Frances Archipenko Gray Collection

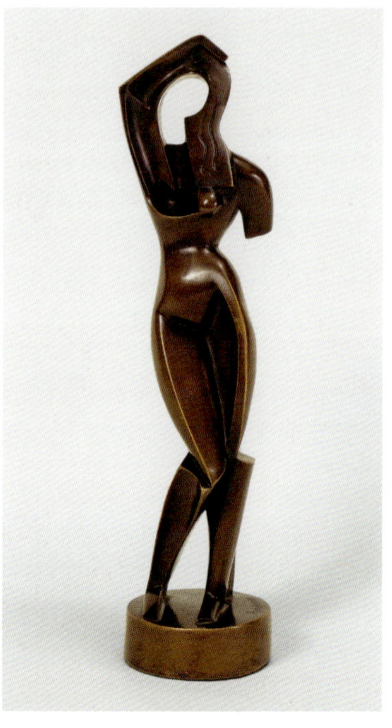

17 *Woman Combing Her Hair*, 1915, Bronze,
The Museum of Modern Art, New York

18 *Torso in Space*, 1935, Bronze, Museum of Fine Arts, Houston, TX

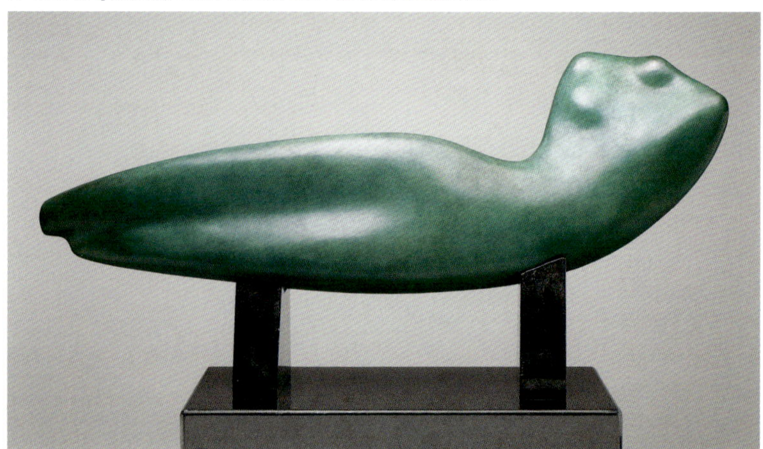

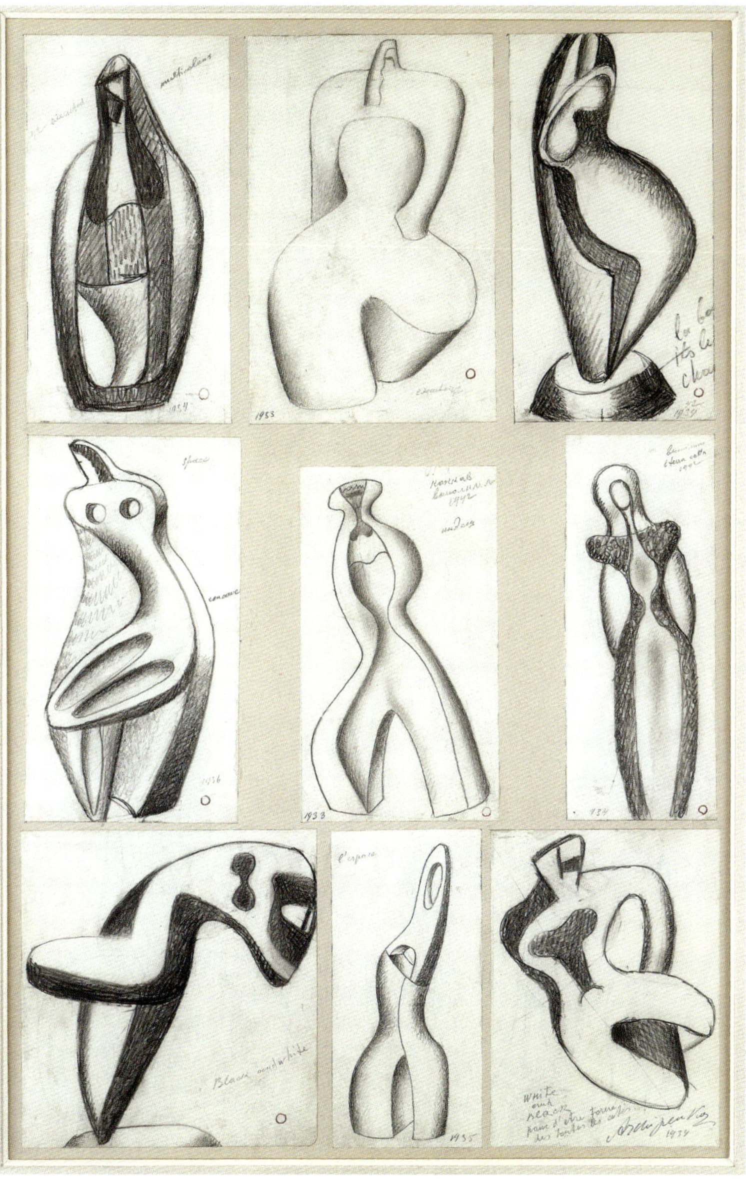

19 *Nine Work Sketches for Sculpture II*, 1934, Bleistift und Tinte,
Frances Archipenko Gray Collection

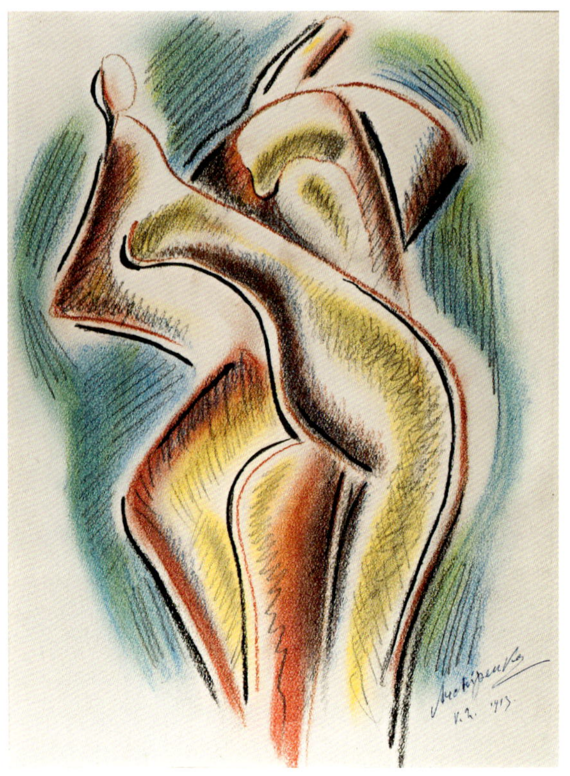

20 *Two Bodies*, ca. 1961, Pastell und Bleistift auf Papier, Frances Archipenko Gray Collection

von *Torso in Space* (18), *Flat Torso* (16), *Green Concave, Black Concave, Woman Combing Her Hair* (17), *Standing Woman, Still Life and Vase* und *Seated Geometric Figure.* Seine nächste Ausstellung 1959 bei Perls bestand ausschließlich aus Bronzen, von denen er über die Hälfte auf 1909 bis 1921 zurückdatierte. Archipenko war ein Meister der Zeitsprünge.

AN SEINER SEITE

Ende Juli 1960 eröffnete in Saarbrücken eine Wanderretrospektive mit 68 Skulpturen aus der Zeit von 1909 bis 1959. Obwohl sein Ruf auf Vergangenem beruhte und kein Händler seine neueren Werke ernsthaft bewarb, versuchte Alexander beharrlich, sein gesamtes Lebenswerk in einer Reihe retrospektiver Einzelausstellungen zu zeigen. Er hielt seine jüngeren Werke

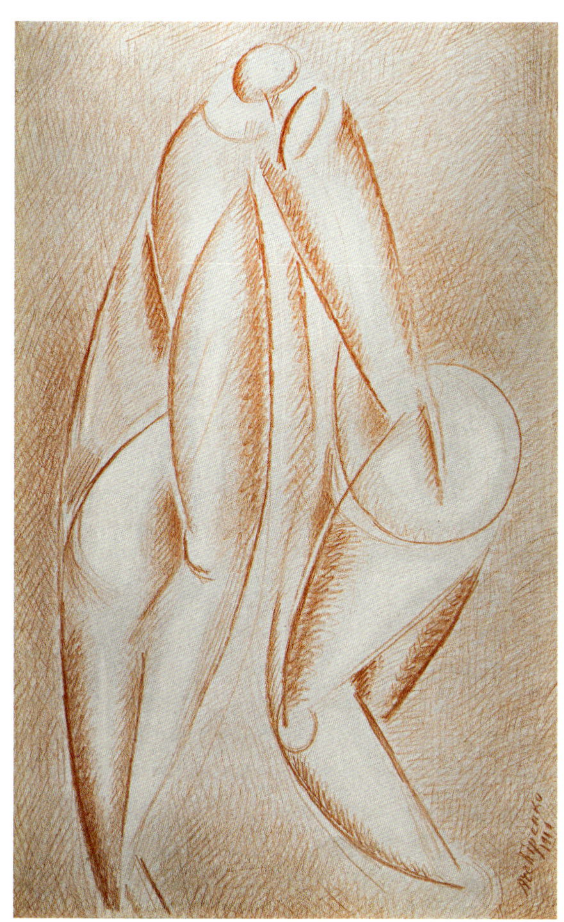

21 *Two Figures*, ca. 1961,
Farbstift auf Papier,
Frances Archipenko
Gray Collection

für nachvollziehbarer, wenn sie neben seinen älteren Arbeiten standen und mit ihnen in Beziehung traten.

Als er mich bat, im Sommer mit ihm nach Europa zu reisen, war ich glücklich, dass er mich vermisste, mich an seiner Seite haben wollte. Ich würde also bei ihm sein, wenn er seinen internationalen Ruf mit einer Retrospektive auffrischte. Ich freute mich auf Paris, aber an eine Hochzeit dachte ich nicht im Traum.

Es waren Léopold und Germaine Survage, Alexanders älteste Pariser Freunde, die uns dazu drängten. In den 1960er Jahren waren verheiratete Paare der Normalfall. Die Survages befürchteten, Alexander sei einsam, und

sorgten sich auch um seinen Nachlass, denn nach Angelikas Tod drei Jahre zuvor hatte er keine Angehörigen mehr. Nach anfänglichem Zögern sah ich ein, dass eine Heirat unumgänglich war. Wir waren seit fünf Jahren ein Paar und schon seit längerem gewissermaßen »verlobt«, sprich: unzertrennlich. Zwischen uns bestand eine enge Bindung.
Meine Hochzeit mit Alexander war nicht nur außergewöhnlich, sondern surreal. Einen Antrag machte er mir nie. Er teilte mir nur das Datum mit: den 1. August 1960. Bestimmt redeten wir darüber, denn es wirkte sich ja auf unsere Reisepläne aus, aber ich erinnere mich nicht an ein konkretes Gespräch. Es war kein denkwürdiges Ereignis, wie man oft von Hochzeiten behauptet. In der Rückschau erscheint unsere Hochzeit in Paris wie ein Anfang. Niemand kann in die Zukunft blicken, aber die Ehe schenkte mir eine unsichtbare Landkarte, die mich unweigerlich immer wieder zu Alexanders Arbeit und zu seinem Leben zurückführte. Mehr und mehr wuchs ich in die Rolle seiner künftigen Nachlassverwalterin.

SCHÖNHEIT UND ELEGANZ

1962 bescherte Alexander eine Renaissance seiner Kunst. Alle waren von ihm begeistert. Eine Retrospektive mit 46 Werken in Winnipeg war die zweite von mehreren hochkarätigen Ausstellungen in Nordamerika und Europa. Eine Woche vor der Eröffnung in Winnipeg war Archipenko mit einer Einzelausstellung von 18 Bronzen in Perls Galleries wieder zum Stern der New Yorker Kunstszene aufgestiegen. Vorgesehen waren zudem im Sommer eine Wanderretrospektive seiner Zeichnungen in drei deutschen Museen, eine Einzelausstellung in der Galerie Großhennig in Düsseldorf, die ein bedeutendes Werk an das Centre Pompidou verkaufte, und im November eine große Ausstellung im schweizerischen St. Gallen. Im selben Jahr wurde Archipenko zum Mitglied des National Institute of Arts and Letters gewählt.
Auf einmal stand Alexander wieder in den Schlagzeilen: »Archipenko feiert ein Comeback«, lautete der Untertitel des Leitartikels im *Life*-Magazin von März 1962.[2] Die Zeitschrift *Time* brachte zudem einen bebilderten Artikel mit dem Kommentar: »Über Alexander Archipenko zu sprechen, erscheint vielen, als spräche man über einen Geist – einen Künstler, dessen Glanzzeit in der Vergangenheit liegt, der die Gegenwart nur noch als

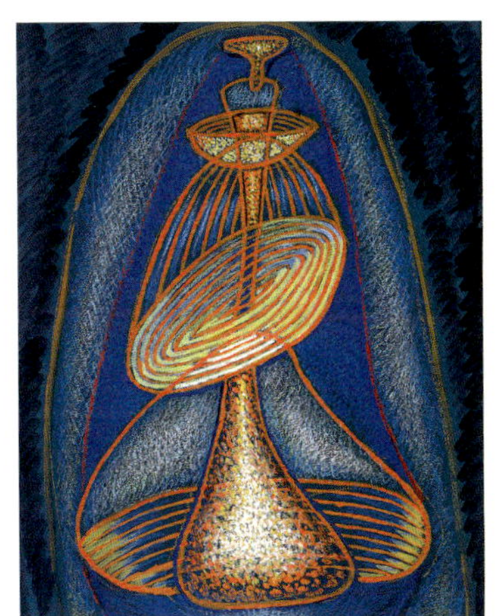

22 Skizze zu *Queen of Sheba*, 1961, Tempera und Farbstift auf blauem Karton, Frances Archipenko Gray Collection

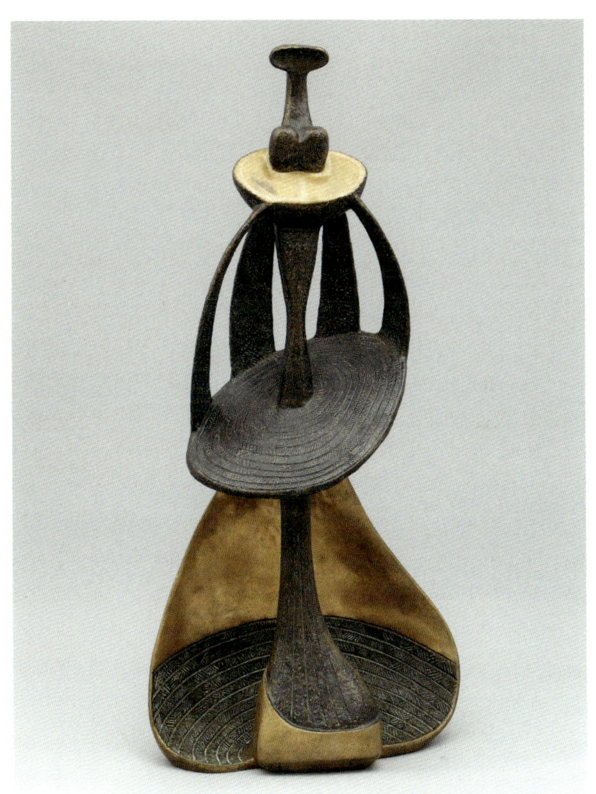

23 *Queen of Sheba*, 1961, Bronze, Frances Archipenko Gray Collection

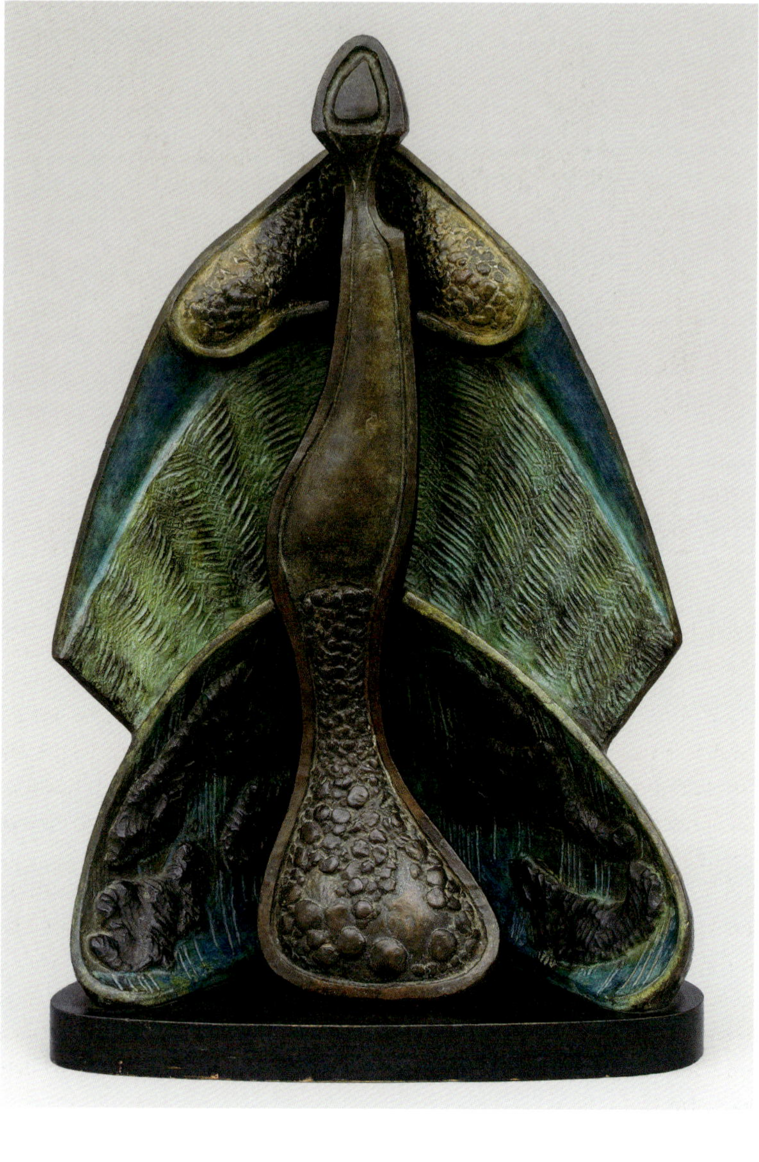

24 *Festive*, 1961, Bronze,
Frances Archipenko Gray Collection

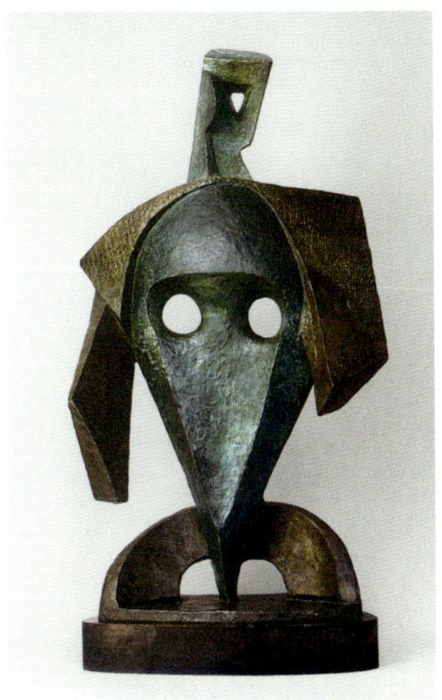

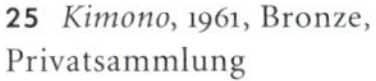

25 *Kimono*, 1961, Bronze, Privatsammlung

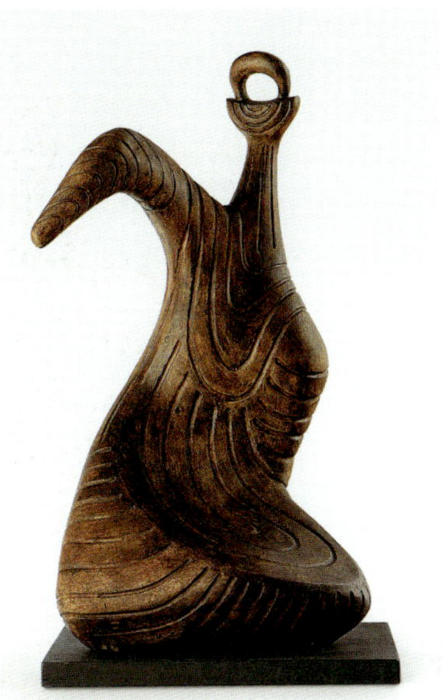

26 *Linear Oriental*, 1961, Gips, rötlich getönt, Saarlandmuseum, Saarbrücken

Gespenst heimsucht. Kein Geist kann jedoch so quicklebendig sein wie er. In dieser Woche eröffnet eine Archipenko-Retrospektive in Perls Galleries in Manhattan, und eine weitere Schau ist schon unterwegs nach Kanada. Archipenko war immer ein Neuerer, und daran hat sich auch mit 74 nichts geändert.«[3]

Leider waren Alexanders einzigartige neue Werke – sechs Plastiken, die er im Vorjahr gestaltet und in Bronze gegossen hatte – für Sammler nicht attraktiv. Obwohl *Time* recht positiv über diese Werke sprach und Archipenko als »Neuerer« bezeichnete, gefielen Arbeiten wie *Queen of Sheba* (23), *Festive* (24), *Kimono* (25) und *Linear Oriental* (26) nicht. Sie wurden zwar im Laufe der Jahre gelegentlich ausgestellt, aber vom Markt nie wirklich akzeptiert.

Das meiste Interesse bei dieser Schau weckten erwartungsgemäß die zehn Bronzen, die er vor 1920 entworfen hatte. Sechs davon stellten neue Varianten dar – diese verkauften sich auch am besten. Ebenfalls begehrt waren *Torso in Space* (18) und *Hollywood Torso* (27), beides typische Archipenkos voller dynamischer Schönheit und Eleganz.

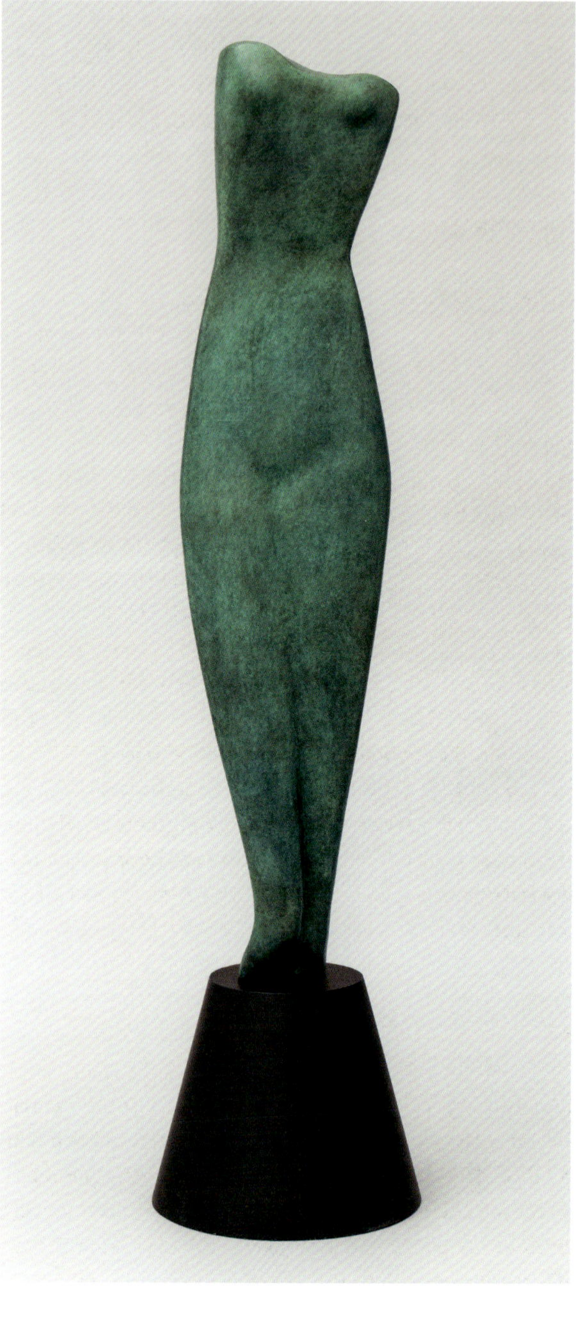

27 *Hollywood Torso*, 1936, Bronze, Frances Archipenko Gray Collection

Davon, dass ich seine frühen künstlerischen Hoffnungen für ihn einlösen sollte, war nun keine Rede mehr. Mit 74 war er noch immer in Hochform, als Meister der Moderne berühmt und mit neuen kreativen Projekten beschäftigt. Die Wiederbelebung seiner frühen Erfolge besorgte er selbst.

AUF DER HÖHE DES RUHMS

Nach der Eröffnung der Einzelretrospektive 1963 im Palazzo Barberini in Rom zog es Alexander wieder nach Venedig. Gemeinsam mit mir wollte er auf seiner Zeitreise in diese Stadt zurückkehren. Während unsere Gondel durch die Dunkelheit unter niedrigen Brücken hindurchglitt, erzählte er von den aufregenden Erfahrungen seiner ersten Venedigreise rund 40 Jahre zuvor, als er ein junger und gefeierter Bildhauer war. 1920 hatte er bei der zwölften *Biennale* als Einzelkünstler rund 86 Arbeiten im russischen Pavillon ausgestellt. Alexander hatte Venedig in einer Plastik namens *Gondolier* (28) verewigt, und sein Name war dort noch immer allgegenwärtig. Während wir über das Wasser glitten, schilderte er in glühenden Farben die Erfahrung, ein gefeierter Künstler, ein Held zu sein. Diese Erinnerung hatte er tief in seiner Psyche verankert und konnte sie bei Bedarf jederzeit hervorholen.

Ohne es zu ahnen, unternahm Alexander noch im selben Jahr seine letzte Reise nach Europa, zur Eröffnung einer Schau in Mailand. Bei seiner Rückkehr nach New York im Dezember war finanziell, persönlich und beruflich für ihn alles im Lot. Er stand auf dem Höhepunkt seines neubelebten Ruhms, und wir durften ihn gemeinsam genießen. Doch schon bald zogen dunkle Wolken auf.

KÖNIG SALOMO

Das Bildnis König Salomos beschäftigte Alexander schon seit über einem Jahr. Seine Königin von Saba (*Queen of Sheba*; 23) verlangte nach einem Gefährten. Während ihre Plastik einen Tribut an einen bestimmten Frauentyp und seine Geheimnisse darstellte, war ihr Pendant eine Meditation über eine reife männliche Figur. Man könnte sagen, dass Alexander sich als Mittsiebziger bei *King Solomon* (29) freien Assoziationen über Reichtum,

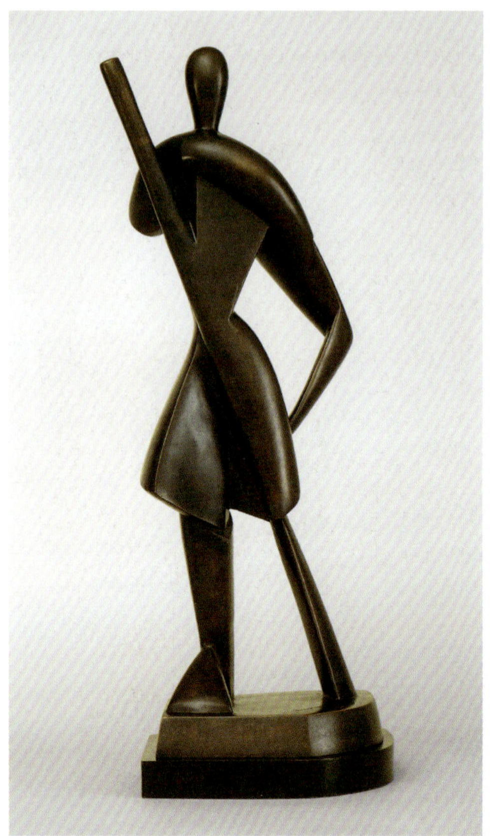

28 *Gondolier*, 1914, Bronze, The Museum of Modern Art, New York

Weisheit und Frauen hingab. Im darauffolgenden Frühjahr segnete er den knapp 70 Zentimeter hohen ersten Bronzeguss ab und schickte ihn nach München zu der für 1964 geplanten Ausstellung.

In den zwei Monaten vor seinem Tod beschäftigte er sich ruhig und stark mit einer neuen polychromen Gipsversion von *King Solomon*; seine Hände arbeiteten wie immer männlich-dynamisch und souverän. Aus Mailand war er erschöpft und mit grippeartigen Symptomen heimgekehrt, gönnte sich aber keine Pause. Auch wenn wir es beide nicht wussten, sollte dies sein letztes Projekt sein. Trotz Müdigkeit und Unwohlsein war er unablässig konzentriert bei der Sache. Das stärkste Bindeglied zwischen uns bildete nach wie vor seine Arbeit. Ihr widmete er sich bis zum Schluss, ihr ordnete er alles andere unter. Fast so, wie ein tüchtiges Ehepaar ein Kind großzieht, bis es

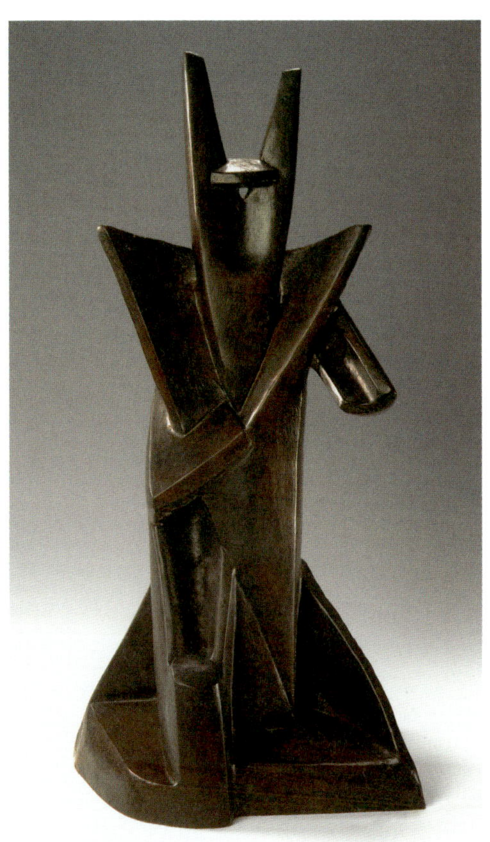

29 *King Solomon*, 1963, Bronze, Smithsonian American Art Museum, Washington, DC

auf eigenen Füßen steht, sich intuitiv abwechselnd um seine Bedürfnisse kümmert, wurde seine Arbeit zu unserem Kind, zu seinem Vermächtnis.

Mitte Februar 1964 war Alexander immer schneller erschöpft. Trotzdem legte er letzte Hand an seine polychrome Version von *King Solomon*, die der Sammler Enzo Pagani als vergrößerte Fassung in einem Skulpturenpark außerhalb Mailands aufstellen wollte. Wider jede Vernunft malte sich Alexander einen Koloss in der Größe der Freiheitsstatue aus. Noch zwei Wochen vor seinem Tod stellte er das Modell fertig und schickte es nach Italien. In den letzten Tagen seines Lebens, die er bei mir zu Hause verbrachte, verlor Alexander nie seine Würde, ließ sich nie von Schmerz oder Schwäche in Panik versetzen. Er handelte mit der Reife und Akzeptanz eines wohlgeordneten, erfahrenen Lebens.

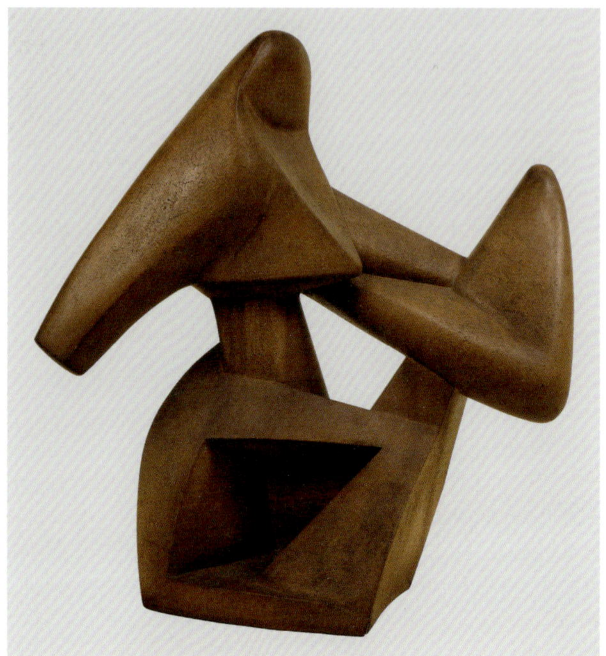

30 *Boxing*, 1914/35, Terrakotta, Peggy Guggenheim Collection, Venedig

JEDEN TAG AUFS NEUE

Als ich begriff, dass Alexander im Sterben lag, hatte ich noch keine Ahnung, dass mein Leben sich auch nach seinem Tod weiter um ihn drehen würde, aber es war so.

Alexander Archipenko zu lieben, der als der moderne Bildhauer des 20. Jahrhunderts gilt, bedeutete eine Beziehung zu einer komplexen, faszinierenden Persönlichkeit – einem schöpferischen Genie, souveränen Selbstdarsteller, liebevollen Ehemann, einfühlsamen Liebhaber, ebenso großzügigen wie fordernden Lehrer, spirituell Suchenden, arroganten Bilderstürmer, charmanten Gastgeber, kultivierten Ukrainer und Wodkatrinker.

Jeden Tag aufs Neue bewunderte ich die Energie, die den Künstler und den Mann antrieb. Nichts konnte ihn entmutigen, weder der stets drohende finanzielle Ruin noch die scheinbare Verschwörung zwischen Kunsthändlern und Museumsdirektoren, eine Kunstszene, die ihm den Stempel »Kubist« aufdrückte, seine Werke als »dekorativ« oder »manieristisch« abtat und stattdessen neuen Trends huldigte; die zermürbende körperliche und geistige Anstrengung, selbst seine Arbeiten vermarkten und Ausstellungen organisieren zu müssen, nicht einmal das lange Siechtum und der Tod seiner geliebten ersten Frau. Stets wuchs er über das Hintergrundrauschen seines chaotischen Lebens hinaus, nie schaute er zurück. Selbst Ablehnung, Verlust, Verrat und Enttäuschung konnten den Ressourcen, aus denen Archipenko schöpfte, nichts anhaben.

Diese acht Jahre meines Lebens sind bis heute nicht Staub und Asche, denn im Grunde meiner Seele bin ich nach wie vor mit Alexander verheiratet: Sein »Wesen« lebt weiter in dem Werk, das er zurückgelassen hat, und ich wache darüber. Ich lebe auf dem Grundstück, das einst die Archipenko Art School beherbergte. Hier durfte ich Schülerin, Ehefrau, Künstlerin und erwachsene Frau mit eigener Familie sein. Einige Bäume sind umgestürzt, andere nachgewachsen; Felsblöcke haben sich verschoben, aber das Moos ist geblieben.

Die Geschichte der Arbeit meines Mannes, ihre Dokumentation, Präsentation und Erhaltung beschäftigt mich seit nunmehr 50 Jahren. Beim Studium seiner Arbeiten fiel mir auf, dass sich meine Wahrnehmung ständig verändert. Sie führt ein Eigenleben. Vielleicht ist große Kunst der wahre »Jungbrunnen« – zunächst für den Künstler, und später für den unermüdlichen Betrachter.

FRANCES ARCHIPENKO GRAY *lernte als 19-jährige Studentin 1955 Alexander Archipenko an der Archipenko School in Woodstock kennen und war mit ihm von 1960 bis zu dessen Tod 1964 verheiratet. Selbst Bildhauerin, widmete sie sich jedoch vor allem den Arbeiten ihres Mannes, heute gilt sie weltweit als führende Expertin seines Werkes. 2000 gründete sie die Archipenko Stiftung, New York, die sie bis heute als Präsidentin leitet.*

1 Howard Devree, »About Art and Artists: Whitney Museum and National Academy offer Representative Group Shows«, in: *The New York Times*, 14. November 1956, L 49.

2 »New Day for Old Cubist, Archipenko has a Comeback«, in: *Life, European Edition*, 26. März 1962, S. 79f.

3 »Archipenko at 74«, in: *Time*, 5. Januar 1962, Nr. 1, Bd. LXXXIX, S. 36f.

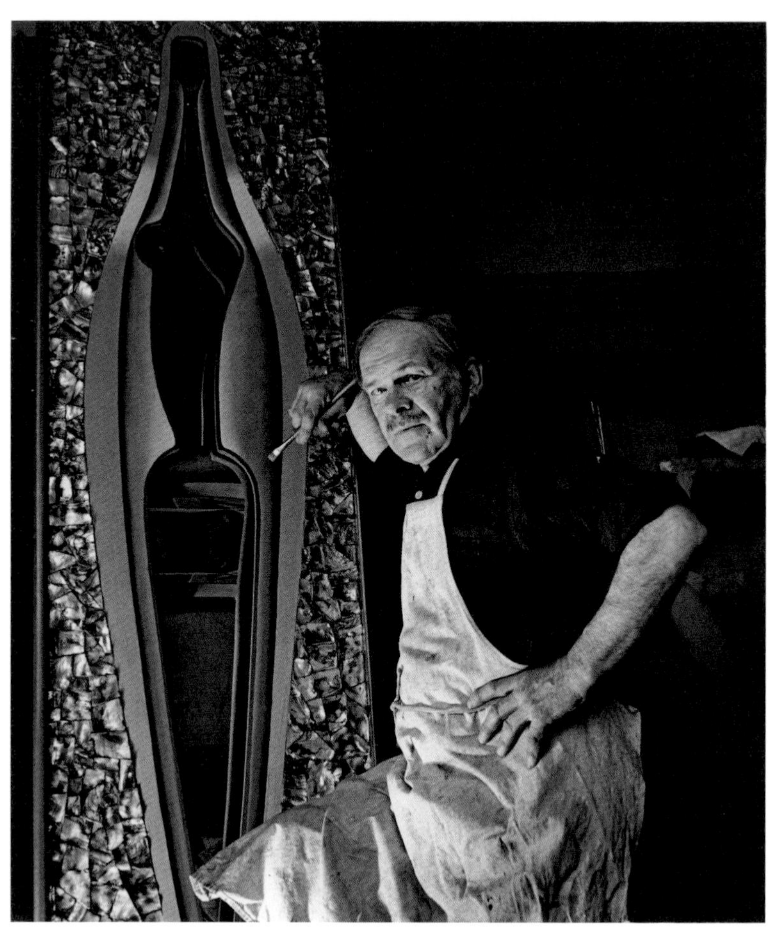

31 Alexander Archipenko mit *Oceanic Madonna*, 1954

BIOGRAFIE

Alexander Archipenko
1887 – 1964

1887 Alexander Archipenko wird am 30. Mai in Kiew, Ukraine, als Sohn des Ingenieurs und Erfinders Porfiry Antonowitsch und seiner Frau Poroskowia Wassiliewna Machowa geboren. Er hat einen älteren Bruder namens Eugen.

Um 1900 Nach einem Fahrradunfall mit anschließender Knochentuberkulose ist Archipenko ein Jahr lang ans Bett gefesselt. Sein Großvater, ein Ikonenmaler, bringt ihm das Zeichnen bei.

1902 Archipenko beginnt an der Kunstschule in Kiew zunächst ein Studium der Malerei und wechselt wenig später zur Bildhauerei über.

1905/06 Aufgrund seiner Kritik an den konservativen Lehrmethoden wird Archipenko von der Hochschule verwiesen und arbeitet ab dem darauffolgenden Jahr als unabhängiger Künstler in Moskau. Dort beteiligt er sich an verschiedenen Gruppenausstellungen.

1909 Anfang des Jahres zieht Archipenko nach Paris, um dort an der Ecole des Beaux-Arts zu studieren. Nach zwei Wochen verlässt er die Akademie, da ihm die Ausbildung zu akademisch erscheint. Er mietet am Montparnasse ein Atelier und führt seine Studien selbstständig im Louvre und anderen Pariser Museen fort. Vor allem die dort gesehenen Skulpturen der frühen Hochkulturen werden ihn entscheidend in seiner Arbeit prägen. Über die Pariser Künstlerkolonie La Ruche lernt er Weggefährten und Ateliergenossen wie Amedeo Modigliani und Fernand Léger sowie die Literaten Guillaume Apollinaire und Blaise Cendrars kennen. Archipenko setzt sich in seinen Skulpturen mit der Formensprache der Kubisten auseinander. Das Motiv der menschlichen Figur wird ein zentrales Thema seines gesamten künstlerischen Schaffens, es entsteht *Black Torso*.

1910/11 Archipenko, der u.a. in den Kreisen um die Duchamp-Brüder verkehrt, stellt gemeinsam mit den führenden Kubisten erstmals im Pariser *Salon des Indépendants XXVI* aus. In den folgenden vier Jahren und 1920 nimmt er ebenfalls am *Salon des Indépendants* teil, 1911 beteiligt er sich zusammen mit den Kubisten am *Salon d'Automne IX* in Paris.

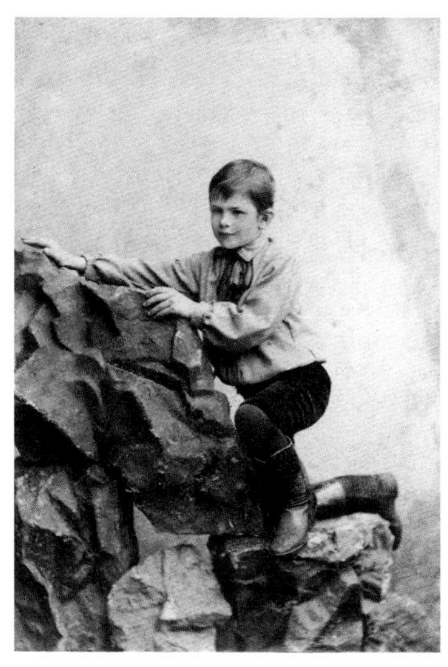

32 Kinderbildnis in Kiew, 1894

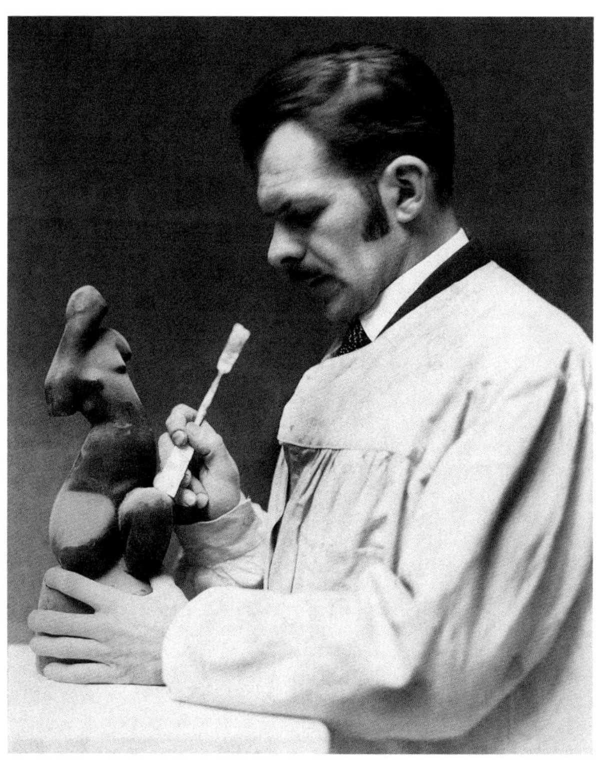

33 Archipenko mit *Seated Black* in seinem Pariser Atelier, um 1909/12

1912 Archipenko gründet in Paris eine Kunstschule und beginnt neben seiner Karriere als Bildhauer eine lebenslange kunstpädagogische Tätigkeit. Er ist Mitinitiator der Section d'Or, einer kubistischen Ausstellungsgemeinschaft, die ihre Arbeiten in der Pariser Galerie La Boétie erstmals gemeinsam präsentiert. Umberto Boccioni, der in seinem *Technischen Manifest der futuristischen Skulptur* (1912) die Verwendung verschiedener Materialien vorschlägt, um neue Möglichkeiten der plastischen Darstellung zu erschließen, besucht Archipenko in seinem Atelier. Auf Einladung des Mäzens und Museumsgründers Karl Ernst Osthaus werden im Museum Folkwang in Hagen Archipenkos Werke zum ersten Mal in einer umfassenden Einzelausstellung in Deutschland gezeigt, ein Teil der Exponate wird im Jahr darauf in der Münchner Galerie Neue Kunst von Hans Goltz ausgestellt.
Archipenko beginnt als einer der ersten Bildhauer der Moderne, mit verschiedenen Materialien zu experimentieren und die Relation von Raum und Körper auszuloten, ein Aspekt, der ein Kernthema seiner Kunst wird. Es entsteht *Médrano I* (zerstört), eine Skulptur mit beweglichen Teilen aus bemaltem Holz, Glas, Draht und Metallblechen.

1913 Mit fünf Gemälden und vier Skulpturen beteiligt sich Archipenko an der legendären New Yorker Ausstellung *Armory Show*. Herwarth Walden würdigt ihn in seiner Berliner Galerie Der Sturm in einer Einzelausstellung und wird im nächsten Jahrzehnt zu einem seiner wichtigsten Förderer in Deutschland. Im Herbst nimmt Archipenko am *Ersten Deutschen Herbstsalon* in Berlin teil, den ebenfalls Walden organisiert.

1914–1918 Henri Bergsons philosophische Betrachtungen über Kreativität beeinflussen Archipenkos Herangehensweise an die Kunst maßgeblich. Gemeinsam mit Constantin Brâncuşi und Raymond Duchamp-Villon zeigt Archipenko seine Skulpturen bei der *Manes Association of Fine Artists* in Prag und in einer Einzelausstellung in Halle. Auf Einladung der Futuristen nimmt er an der *Esposizione Libera Futurista Internazionale* in Rom teil. Archipenko erfindet die Skulpto-Malerei, eine Technik, bei der aus verschiedenen Materialien reliefierte Bilder oder farbige Reliefs geformt werden. Licht, Schatten und Form erscheinen dadurch realer als in der herkömmlichen Malerei. Walden veröffentlicht im Rahmen der in limitierter Auflage erscheinenden *Sturm-Bilderbücher* eine Monografie über Archipenko, die aufgrund der großen Nachfrage 1924 überarbeitet neu aufgelegt wird.

Als der Erste Weltkrieg am 1. August ausbricht, verlässt Archipenko wie viele seiner Künstlerkollegen Paris und zieht nach Südfrankreich. Dort lebt er bis Kriegsende im Château Valrose in Cimiez bei Nizza, in unmittelbarer Nachbarschaft von Künstlern wie Serge Ferat, Tsuguharu Foujita, Henri Matisse, Amedeo Modigliani, Morgan Russell und Leopold Survage. In dieser Zeit widmet er sich zum einen der Weiterentwicklung seiner Skulpto-Malerei, zum anderen arbeitet er an Plastiken mit »negativen« Formen, der konkaven Höhlung und Formauslassung.

1919 Archipenko, der wieder nach Paris zurückgekehrt ist, lernt dort die belgische Malerin Marthe Donas kennen, mit der er zusammenarbeitet und zeitweise zusammenlebt. Der deutsche Fabrikant Sally Falk aus Mannheim wird zu Archipenkos wichtigstem frühen Sammler. Über Marcel Duchamp lernt er die amerikanische Malerin, Kunstmäzenin und -sammlerin Katherine Dreier kennen. Eine Wanderausstellung mit Archipenkos Werken startet in Genf und ist bis 1921 in den wichtigsten europäischen Metropolen sowie in New York zu sehen.

1920 In einer Einzelausstellung bespielt Archipenko mit rund 86 Werken den Russischen Pavillon auf der *Biennale* von Venedig. Die Ausstellung wird zu einem Publikumsmagneten, die Reaktion der Kritiker ist geteilt. Bereits vor dem Krieg als Bildhauer erfolgreich, erlangt Archipenko durch die *Biennale* eine außerordentliche internationale Anerkennung. Archipenko engagiert sich in der nach dem Krieg wiederbelebten Gemeinschaft Section d'Or und organisiert Ausstellungen in Paris, Genf, Brüssel, Rom und Rotterdam.

1921 Archipenko verlässt Paris und zieht nach Berlin. Dort eröffnet er erneut eine Kunstschule, für die er ein Gebäude kauft. Er lernt die expressionistische Bildhauerin Angelika (Gela) Forster kennen, Tochter des Architekten Bruno Schmitz und Gründungsmitglied der Dresdner Sezession Gruppe 1919. Vier Wochen später heiratet das Paar. In der von Dreier gegründeten Kunstvereinigung Société Anonyme zeigt Archipenko in New York erstmals seine Arbeiten in einer Einzelausstellung in den USA. Ein Brand vernichtet in seinem Berliner Atelier rund 150 Arbeiten. Er veröffentlicht die Lithografiemappe *13 Steinzeichnungen* im Ernst Wasmuth Verlag.

1922 In Berlin nimmt Archipenko an der wegweisenden *Ersten Russischen Kunstausstellung* teil und stellt gemeinsam mit Lyonel Feininger im Kunstsalon Ludwig Schames in Frankfurt aus. Obwohl Archipenko international über ein sehr gutes Netzwerk in der Kunst- und Kulturszene verfügt und seine Werke verkauft, sorgt er sich aufgrund der schlechten Weltwirtschaftslage um seine finanzielle Situation.

1923 Angelika und Alexander Archipenko wandern in die Vereinigten Staaten aus und erreichen an Bord der *SS Mongolia* am 16. Oktober New York. Viele seiner Arbeiten hat er zuvor nach Amerika verschicken lassen, jedoch muss er einige zurücklassen, die erst spät wieder in seinen Besitz gelangen oder heute als verschollen gelten. Noch im gleichen Jahr seiner Ankunft in New York eröffnet Archipenko dort eine Kunstschule. In Europa erscheinen verschiedene Publikationen über ihn, darunter der von Erich Wiese verfasste Band in der Reihe *Junge Kunst* im Klinkhardt & Biermann Verlag. Wiese ist der Erste, der die wichtige Verbindung zwischen Zeichnung und Skulptur anspricht. Im Leipziger Kunstverein organisiert er eine große Ausstellung.

1924 In der New Yorker Kingore Gallery eröffnet eine von der Société Anonyme organisierte Ausstellung mit 30 Skulpturen aus Bronze, Marmor, Gips, Kunststein und Mahagoni sowie sechs Skulpto-Malereien und 20 Zeichnungen. Archipenko lehrt an der Sommerakademie in Woodstock, New York.

1927/28 Archipenko lässt sich seine Erfindung *Archipentura*, die er Thomas Edison und Albert Einstein widmet, patentieren. Dabei handelt es sich um einen elektronischen Apparat, der mehrere Bilder zeigt und so den Eindruck einer bewegten Figur vermittelt. *Archipentura* wird 1928 das erste Mal im Rahmen einer Ausstellung in den New Yorker Anderson Galleries der Öffentlichkeit präsentiert. Der Apparat geht 1935 verloren.

1929 Archipenko erhält die amerikanische Staatsbürgerschaft. In Bearsville, außerhalb von Woodstock, New York, erwirbt Archipenko Land und baut dort ein Sommerhaus sowie ein Atelier und Schulgebäude. Bei allen nachfolgenden Umzügen wird er diesen Wohnsitz immer beibehalten. In New York City gründet er die Keramikschule Arko. Archipenkos Schaufensterdekoration für das New Yorker Kaufhaus Saks Fith Avenue ist eine

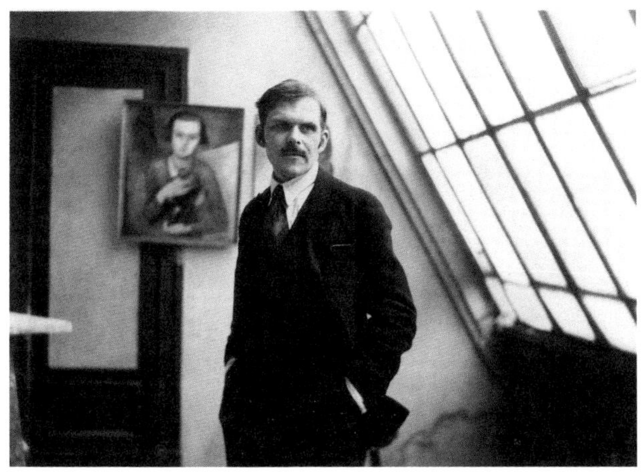

34 Archipenko in seinem Berliner Atelier, um 1921

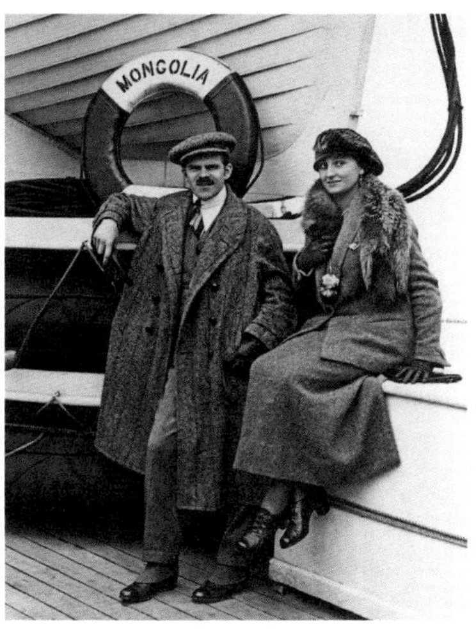

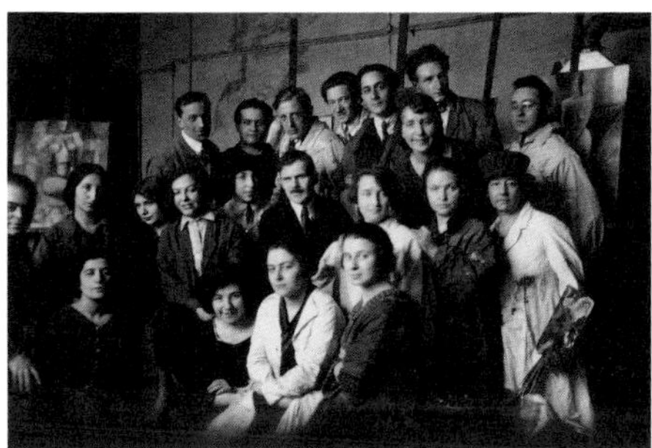

35 Archipenko (Mitte) mit Studenten an seiner Berliner Kunstschule, um 1921

36 Alexander und Angelika Archipenko auf der *SS Mongolia*, 1923

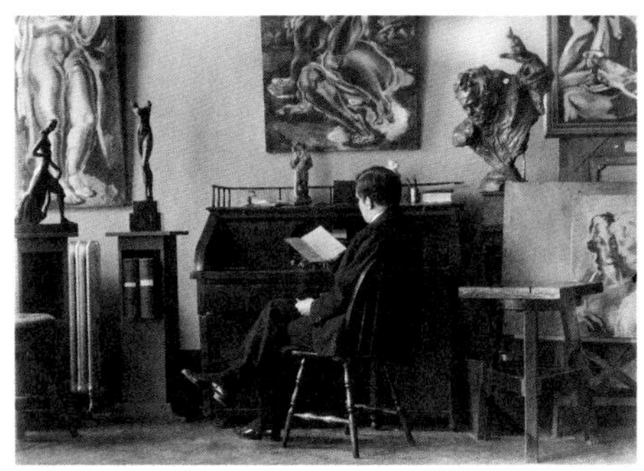

37 Im Atelier in New York, um 1927

Sensation und bleibt mehrere Jahre unverändert. Arbeiten Archipenkos, die während der letzten sechs Jahre entstanden, gelangen in über 25 Ausstellungen von New York über den Mittleren Westen bis an die Westküste.

1931/32 Es finden Einzelausstellungen in der Braxton Gallery in Hollywood sowie in der Renaissance Gallery, Montecito, Kalifornien statt, im darauffolgenden Jahr in den John Levy Galleries in New York. Archipenko lehrt an verschiedenen Universitäten und Colleges an der Pazifikküste, im Mittleren Westen und an der Ostküste.

1933 Er unterrichtet am Mills College in Oakland und an der Chouinard Art Institute in Los Angeles. Im Rahmen der Weltausstellung in Chicago findet im Ukrainischen Pavillon eine Einzelausstellung mit 44 Werken statt, darunter erstmals die *Mâ-Serie*.

1935/36 Archipenko zieht nach Los Angeles um und eröffnet in Hollywood eine Kunstschule. Während der Sommermonate 1935/36 lehrt er an der University of Washington, Seattle. An der Ausstellung *Cubism and Abstract Art*, die 1936 im Museum of Modern Art in New York gezeigt wird, beteiligt er sich mit sechs Skulpturen.

1937 Archipenko nimmt auf Einladung von László Moholy-Nagy am New Bauhaus Chicago einen Lehrauftrag an und zieht nach Chicago um. Gemeinsam mit Alexander Calder, Gaston Lachaise, Fernand Léger und Emmanuel Viviano stellt Archipenko in der Katherine Kuh Gallery, Chicago, aus. In diesem wie auch in den beiden folgenden Jahren sowie 1940 und 1941 finden dort weitere Einzelausstellungen von Archipenko statt. In Deutschland werden seine Werke von den Nationalsozialisten als »entartet« diffamiert und konfisziert.

1938 In Chicago begründet Archipenko die Modern School of Fine Arts and Practical Design.

1940–1942 Archipenko nimmt an der Gruppenausstellung *We like Modern Art* im Museum of Modern Art, New York, teil. 1940 gründet er auf seinem Landsitz in Bearsville die Kunstschule Archipenko Art School, an der er im Sommer 1942 auch lehrt.

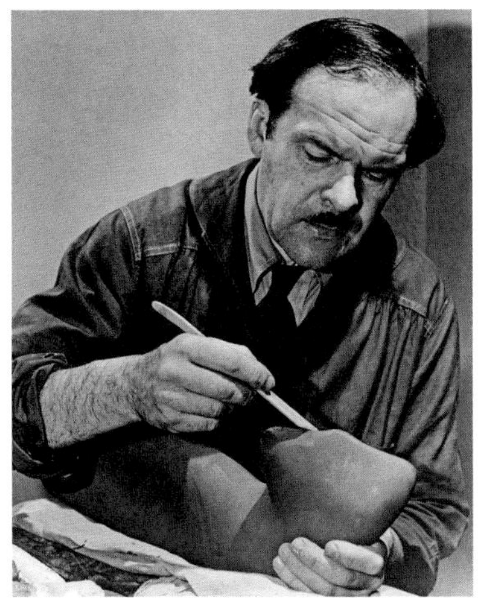

38 In Los Angeles, bei der Arbeit an der Terrakottafassung von *Torso in Space*, um 1935

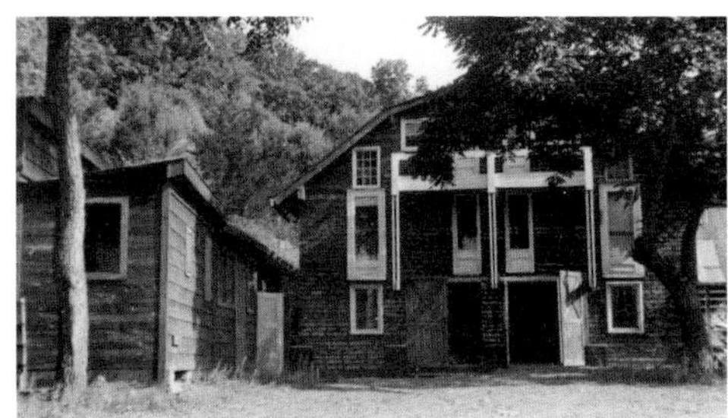

39 Das Hauptgebäude in Woodstock in den 1940er Jahren

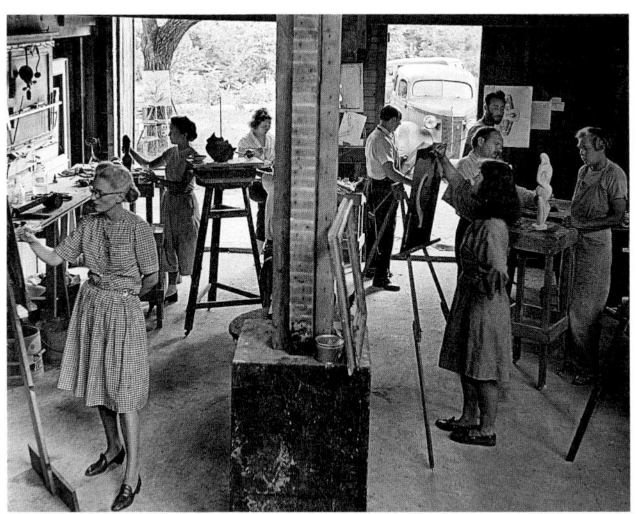

40 Archipenko mit seinen Studenten in Woodstock, um 1950

1944 In der Nierendorf Gallery, New York, sowie in La Plata, Argentinien, finden Einzelausstellungen statt. Archipenko lehrt an der Dalton School in New York. Mit dem Direktor des Museum of Modern Art, Alfred Barr, kommt es nach einem jahrelangen hitzigen Briefwechsel zum Bruch, der dem Ansehen Archipenkos nachhaltig schadet.

1946–1948 Bei der Ausstellung *Exhibition of Contemporary Sculpture, Objects, Constructions* an der Yale University ist Archipenko mit drei Skulpturen vertreten. Im Sommer unterrichtet er wieder in Bearsville. 1947 kehrt er nach Chicago zurück, um am Institute of Design (früher New Bauhaus Chicago) zu unterrichten. Im Mai 1948 präsentiert er in einer Einzelausstellung in den New Yorker Associated American Artists Galleries neuartige Plexiglas-Arbeiten.

1949/50 Im Amt für Kunst in Berlin-Tempelhof werden Archipenkos Werke das erste Mal nach dem Zweiten Weltkrieg in Europa gezeigt. In diesem und im folgenden Jahr finden Einzelausstellungen in San Francisco und Nebraska, Omaha, statt sowie Gruppenausstellungen in New York und Brunswick, Maine. 1950 lehrt Archipenko an der University of Missouri in Kansas City.

1951 Im Museum of Modern Art in São Paulo, Brasilien, werden Zeichnungen von Archipenko gezeigt. Er beteiligt sich an der Gruppenausstellung *American Sculpture* im New Yorker Metropolitan Museum of Art und lehrt am Carmel Art Institute, Kalifornien, an der University of Washington in Seattle sowie an der University of Delaware.

1952 Von März bis November sind Archipenkos Skulpturen, Gemälde und Zeichnungen in diversen Ausstellungen zu sehen. Darunter im Whitney Museum of American Art, New York, im Musée National d'Art Moderne, Paris, in der Tate Gallery, London, im Art Institute of Chicago und im Museum of Modern Art, São Paulo, Brasilien.

1953–1956 Archipenko wird zum Außerordentlichen Mitglied des International Institute of Arts and Letters (heute American Academy of Arts and Letters) gewählt. Im Instituto Guatemalteco Americano in Guatemala City werden seine Papierarbeiten in einer Einzelausstellung gewürdigt.

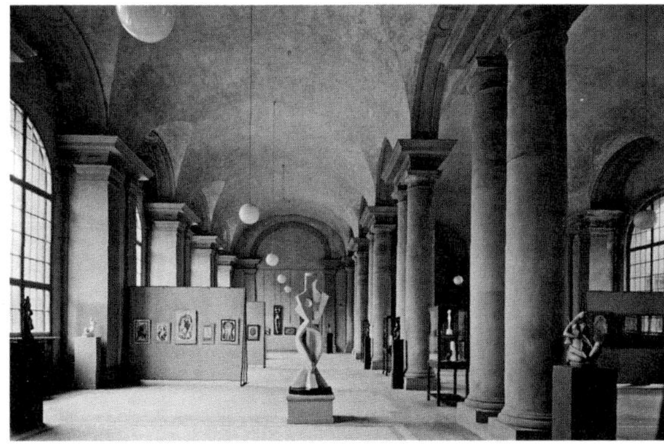

41 Blick in die Ausstellung von Alexander Archipenko im Hessischen Landesmuseum in Darmstadt, 1955

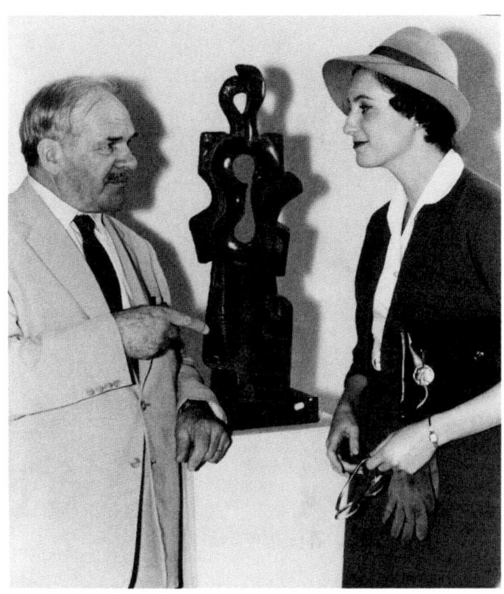

42 Archipenko und Frances Gray auf der Vernissage im Saarlandmuseum in Saarbrücken mit *Walking*, 1960

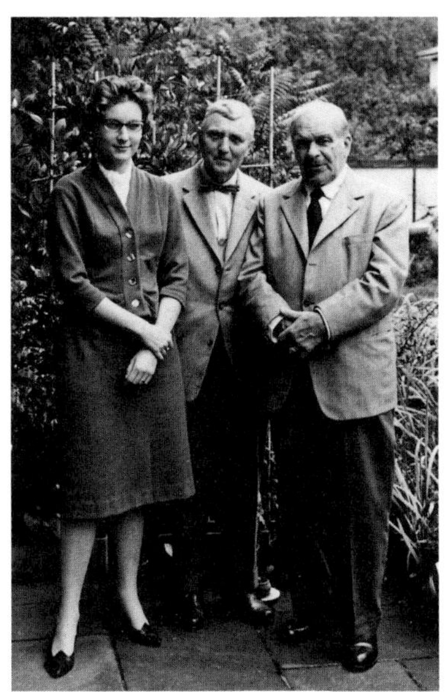

43 Alexander Archipenko, Frances Gray und Erich Wiese in Darmstadt, in den 1960er Jahren

1954 beginnt eine Retrospektive seines Werkes in den Associated American Artists Galleries, New York, die bis 1956 als Wanderausstellung in mehreren Städten in Deutschland zu sehen ist, darunter in Darmstadt, Mannheim, Recklinghausen, Düsseldorf, Freiburg und Berlin. 1955 lernen sich Archipenko und Frances Gray in Bearsville kennen, wo die junge Bildhauerin ihr Studium an der Sommerakademie der Archipenko Art School aufnimmt. In Vancouver, Kanada, lehrt Archipenko 1956 an der University of British Columbia als Gastdozent. Die Presse erklärt ihn dort zu dem wichtigsten Bildhauer des 20. Jahrhunderts. Ende des Jahres nimmt er an der Jahresausstellung des Whitney Museum of American Art in New York teil.

1957 Die Perls Galleries, New York, zeigen in einer Einzelausstellung polychrome Plastiken und Sculpto-Malereien. Die Experimentalarbeiten aus ausgefallenen Materialien stoßen bei den Kritikern weitgehend auf Unverständnis. Am 5. Dezember stirbt Angelika Archipenko nach langer Krankheit im Alter von 65 Jahren.

1959/60 Die Perls Galleries, New York, zeigen 34 Bronzeskulpturen Archipenkos. 1960 publiziert er sein Buch *Fifty Creative Years. 1908–1958*. Ende Juli eröffnet in Saarbrücken eine Wanderretrospektive mit 68 Skulpturen, die während der letzten 50 Jahre entstanden sind. Am 1. August heiraten Alexander Archipenko und Frances Gray in Paris.

1962/63 Archipenko wird zum Mitglied des National Institute of Arts and Letters gewählt. In diesem und im nächsten Jahr finden mehrere hochkarätige Einzelausstellungen statt, darunter in New York, im kanadischen Winnipeg, in Mannheim, Düsseldorf, St. Gallen, Rom und Mailand. Die Presse spricht von einem »Comeback« des Künstlers, der von der New Yorker Kunstszene in den vorangegangenen Jahren immer wieder harsche Kritik für seine späten Werke erntete.

1964 Alexander Archipenko stirbt am 25. Februar in New York.

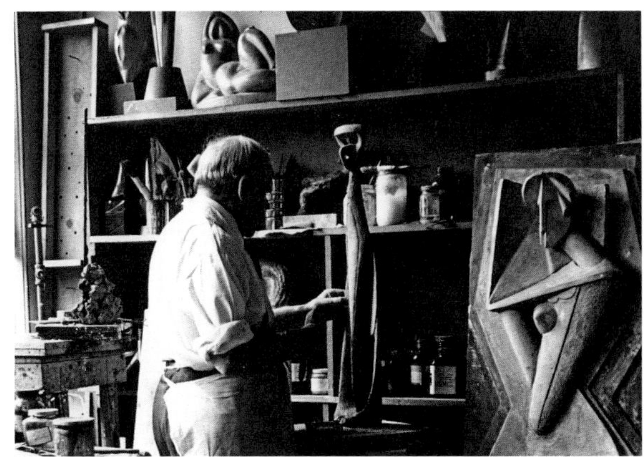

44 Archipenko in seinem New Yorker Atelier, um 1960

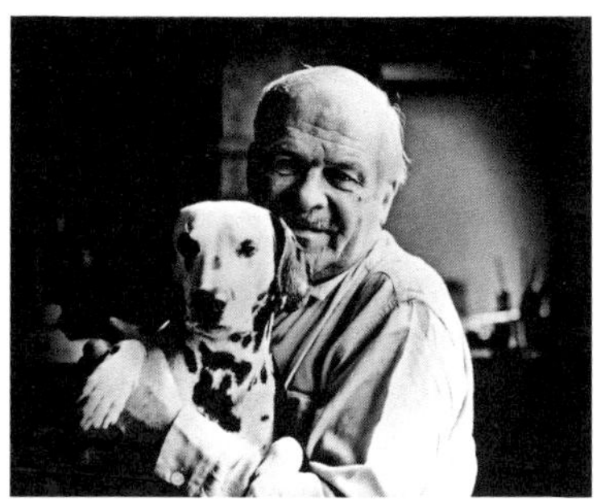

45 Mit seinem Dalmatiner Sappho, 1963

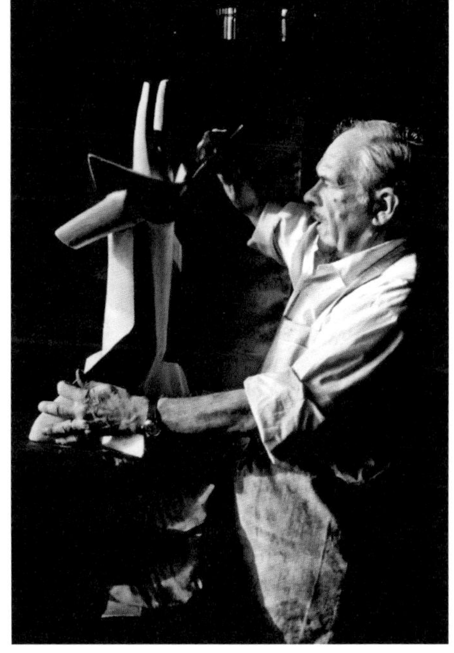

46 Archipenko arbeitet an *King Solomon*, 1963

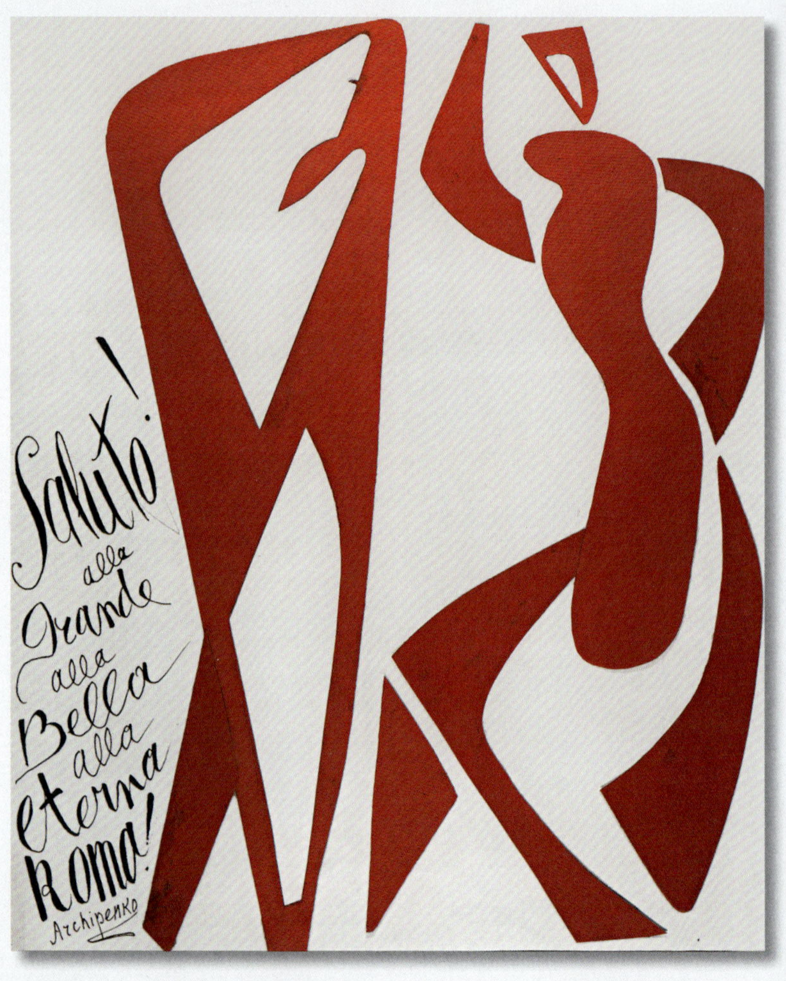

Das von Alexander Archipenko gestaltete und handschriftlich mit *Saluto! Alla Grande alla Bella alla eterna Roma!* signierte Plakat seiner Ausstellung in Rom, 1962, Collage, Frances Archipenko Gray Collection

ARCHIV

Fundstücke, Briefe, Dokumente
1913–1962

1

Alexander Archipenko wird immer wieder als der »Picasso der Bildhauerei« bezeichnet, einer der Gründe mag darin liegen, dass er ähnlich wie sein Künstlerkollege Pablo Picasso das Publikum über Jahrzehnte hinweg mit einem einzigartigen Spektrum an Stilen überraschte und irritierte. Mit seiner experimentellen Technik, dem Einsatz neuer oder bislang von Künstlern nicht verwendeten Materialien und dem unkonventionellen Umgang mit Raum und Farbe hat Archipenko der modernen Skulptur maßgebliche Impulse gegeben.

Die bahnbrechende Skulptur Walking *von 1912/18 ist ein frühes Beispiel für Archipenkos virtuose Neudeutung des Raums. Indem er gezielt Masse weglässt, erzeugt er einen so genannten negativen Leerraum, der in einer Wechselwirkung mit den positiven Formen steht. Darüber schreibt er 1959 in einem Aufsatz:*

Bei der Modellierung der Form im Raum, die ich 1912 in meine Plastik einführte, wickelt sich ein Vorgang ab, der mit dem psychologischen Wiederformen eines abwesenden Objektes, das in unserem Gedächtnis ruht, verglichen werden kann, das Objekt läßt in unserem Gedächtnis durch seine Abwesenheit seine eigene Form zurück. Die Form des leeren Raumes ist es, die den Eindruck dessen bestimmt, was zwar nicht real vorhanden ist, was jedoch schöpferisch das wieder aufbaut, was in uns ist [...] In der Kunst sollte die Form des leeren Raumes nie weniger Bedeutung haben als die Form der soliden Masse.

2

»Ich haßte Rodin, der damals à la mode war. Seine Skulptur erinnerte mich an gekautes Brot, das man auf einen Sockel spuckt, oder an die verkrümmten Kadaver von Pompei. Meine wahre Schule war der Louvre, den ich während einiger Jahre jeden Tag besuchte.«

Originaltöne wie diese finden sich in dem 1923 publizierten Band Alexander Archipenko *der historischen Reihe* Junge Kunst. *Erich Wiese, der den Essay verfasste und darin den Künstler immer wieder zu Wort kommen ließ, war zu dieser Zeit als Kurator (ab 1929 als Direktor) am Schlesischen Museum der Bildenden Künste in Breslau tätig. Als großer Verehrer Archipenkos Kunst*

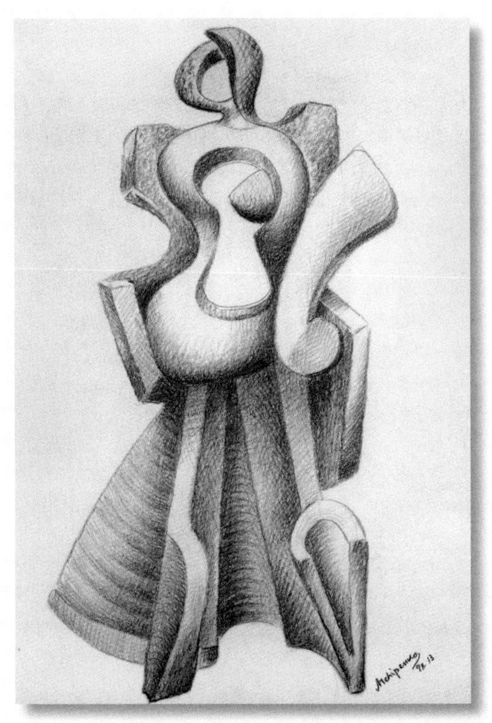

verwies er als erster Kunsthistoriker in seinem Text auf den wichtigen Zusammenhang zwischen den Zeichnungen und den Skulpturen Archipenkos. Im Jahr 1933 von den Nationalsozialisten seines Amtes enthoben, zog sich Wiese bis zum Ende des Weltkrieges als Privatgelehrter zurück und wurde 1950 Direktor des Hessischen Landesmuseums in Darmstadt. Ihm ist es zu verdanken, dass 1957 Gips- und Marmorarbeiten Archipenkos, die als verschollen galten und in Berlin wieder aufgetaucht waren, an den Künstler zurückgegeben wurden. Einige dieser Werke ließ Archipenko daraufhin in Bronze gießen.

---

1 Skizze zu *Walking*, 1913/61, Bleistift auf Papier,
Frances Archipenko Gray Collection

2 Nachfolgende Seiten: Erich Wiese, »Alexander Archipenko«,
in: *Junge Kunst*, Bd. 40, Leipzig 1923, S. 3–8

Der Unwert ästhetischer Betrachtungen über das Werk eines mitlebenden Künstlers — werden sie nicht von vornherein als subjektiv bekannt — muß jedem Ehrlichen fühlbar werden, der es unternimmt, ein solches Werk den Mitmenschen durch Worte näher zu rücken. Wir kennen die Wandelbarkeit selbst unsrer geläufigsten ästhetischen Begriffe, wie „schön" und „häßlich". Vor Erscheinungen von solch universalem Ausmaß künstlerischen Gestaltens wie Archipenko werden sie alle zu Schemen. Und es bleibt uns nur das persönliche Bekenntnis des Für oder Wider; allenfalls die Möglichkeit einer — meist wenig fruchtbaren — Vergleichsetzung zu historisch Festliegendem; ehestens noch die bloße Aufzeigung von Tatsachen. Denn das Idealste an Aufschlüssen über Werden und Wirken im Werk des Künstlers, sein eignes Bekennen und Erkennen, steht uns in den seltensten Fällen in ungetrübter Klarheit und Wahrheit zur Verfügung.

Zu den Wesensmerkmalen Archipenkos gehört jene Folgerichtigkeit im Denken und Tun, die befähigt, auch über sich selbst klar und wahr das Wort zu ergreifen. Hören wir ihn:

„Geboren in Kiew (Ukraine), am 30. Mai 1887. 1902 Eintritt in die Kunstschule in Kiew, zum Studium der Malerei — ein Jahr später Übergang zum Studium der Plastik. Zwei Jahre vorher schon Zeichenunterricht in einer Privatschule.

1905 wurde ich aus der Kunstschule ausgewiesen, da ich zusammen mit meinen Kollegen gegen den akademischen

Geist dieser Schule revoltierte. Von Kiew nach Moskau, wo ich für mich arbeitete. 1908 nach Paris in die Ecole des beaux Arts. Blieb aber nur 14 Tage, da auch dort dieselbe Art zu unterrichten herrschte wie in Kiew. Arbeitete also wieder für mich allein, da ich unter den lebenden Künstlern in Paris keinen fand, der mir etwas geben konnte. Ich haßte Rodin, der damals à la mode war. Seine Skulptur erinnerte mich an gekautes Brot, das man auf einen Sockel spuckt, oder an die verkrümmten Kadaver von Pompei.

Meine wahre Schule war der Louvre, den ich während einiger Jahre jeden Tag besuchte. Dort studierte ich hauptsächlich die archaische Kunst und alle die großen toten Stile. Anfangs arbeitete ich ganz unterm Einfluß dieser Stile und hatte Mühe, mich davon zu befreien. Aber ich erreichte es und fand meinen persönlichen Stil.

Während des Krieges in Nizza. Nach dem Kriege Reisen mit meinen Ausstellungen nach der Schweiz, Italien, Deutschland und der Tschecho-Slowakei.

Hier einige Gedanken über Kunst*):

In der Bildhauerkunst gab es niemals eine so arme Zeit wie die heutige. Ich kenne keinen einzigen zeitgenössischen Bildhauer, der neue Vorstellungen in die Plastik hineintrüge. Es gibt Leute, die glauben, man könne den Kubismus als ein neues Stilelement in der Plastik ansehen. Was dem Kubisten in der Malerei logische Erweiterung bedeutete, war im Prinzip der Plastik entnommen (dritte Dimension), aber nicht als optische Empfindung, sondern als reines Denkergebnis. Die geometrisierende Formgebung des Kubisten ist das Ergebnis einer

*) Aus dem Französischen übertragen vom Herausgeber.

gedanklichen Interpretation der dritten Dimension in der Plastik. In der Rundplastik aber braucht man die dritte Dimension nicht vorzutäuschen (durch einen Denkprozeß zu gewinnen = „spiritualiser"), sie ist natürlicherweise da. Und eben darum betrachte ich die ganze kubistische Plastik als einen großen Irrtum. Die gesamten Arbeiten russischer Konstruktivisten, von denen man jetzt spricht, erscheinen mir als geschmacklose Zusammenstellungen. Das ist die leichteste und unverantwortlichste Art, Kunst zu machen, denn alle Abstraktionen können weder nachgeprüft noch bewiesen werden. Es ist lediglich eine Frage des Geschmackes, wie man drei oder vier Leisten nach Farbe oder Material in Beziehung zueinander bringen kann.

Als ich im Jahre 1912 zum ersten Male verschiedene Materialien in der Plastik anwandte, geschah dies, weil gewisse plastische Formen, die in meiner Vorstellung nach Verwirklichung drängten, mit den bisher in der Plastik benutzten Stoffen nicht verwirklicht werden konnten. Und sehr natürlicherweise war ich genötigt, für diese neuen Stoffe die neue Technik zu finden. Unter Berufung auf meine Erfahrung kann ich sagen, daß der neue Formenstil es ist, der andersartige Werkstoffe fordert, nicht aber umgekehrt die neuen Stoffe den neuen Stil schaffen. Ihre Handhabung ist das Ergebnis, nicht das Ziel.

Die moderne Kunst ist nicht nur Zusammenstellung einiger angestrichener Leisten, sie ist eine in Stil umgesetzte Leistung von Kräften des Geistes und der Vorstellung. Welche Materialien verwandt werden, ist an sich gleichgültig; Voraussetzung ist, daß das Material dem Stil völlig entspricht.

Sehr oft habe ich beim Betrachten barocker und auch gotischer bemalter Skulpturen bedauert, nicht das reine

Material zu sehen, aus dem sie gebildet sind. Die Urheber dieser Werke kolorierten die Formen. Wenn ich dagegen gewisse bemalte ägyptische Basreliefs ansehe, bemerke ich, daß bei ihnen durch die Farbe die Form gestaltet wurde, d. h. die Ägypter bedienten sich zur Verwirklichung der erstrebten Form sowohl der Plastik als der Malerei.

Meine Skulpto-Malerei ist im Prinzip nichts Neues, ich habe sie bei den Ägyptern gelernt. Nur die Neuartigkeit der Formvorstellungen gehört mir. Und einfach durch die Beobachtung alles dessen, was mich umgibt, bin ich zur Skulpto-Malerei gekommen. Und ich sehe, daß es keinen einzigen Gegenstand im Universum gibt, der nicht eine Vereinigung von Form und Farbe darstellte. Die Skulpto-Malerei ist für mich die größte Wahrheit in der plastischen Kunst."

Dem ist zur Erkenntnis des Künstlers in jeder Richtung wenig hinzuzufügen. Nicht ohne Belang ist es zu wissen, daß sein Vater Universitätslehrer für Mechanik ist, und der Sohn es noch heute nicht verschmäht, in technischen Dingen seinen Rat einzuholen. Vielleicht ist auch die hohe pädagogische und organisatorische Fähigkeit Archipenkos ein Erbteil vom Vater her.

Den leichtesten Zugang zum Werk dieses Künstlers findet man durch seine Zeichnungen.

„Zeichnen können heißt nicht gut zeichnen," schrieb Gauguin. Und meinte mit diesem „gut" die Arbeit mit „Estampen und Brotkügelchen", die fein säuberliche Manier akademischer Schulung, kurz etwas, das man lernen kann, das Handfertigsein. Aber, wer zeichnen kann, ist stets handfertig, in dem Sinn und Maß seiner besonderen Art. Darum ist es ein Unsinn, den Allzuvielen das Handwerk beibringen zu wollen in der Absicht, sie durch dieses zum Künstler zu machen. Die Kunst hat das Handwerk, dieses nicht oft die Kunst.

Archipenkos Zeichnungen sind typische Bildhauerzeichnungen, weit mehr, wie etwa die Rodins, weil dieser nicht in dem eindeutigen Sinne Plastiker war wie jener es ist.

Daher sind auch in den Zeichnungen Archipenkos die Hauptprobleme plastischen Schaffens, Form- und Raumgestaltung, überall greifbar, bald in Lösungen, bald in Versuchen zu solchen. Dabei läßt sich innerhalb der zeitlichen Folge der Blätter eine Entfaltung von seltener Folgerichtigkeit erkennen. 1909: Frau und kniendes Kind. (Abb. XXVIII.) Beginn starker Beschränkung auf das Plastisch-Wirksame, Betonung der Gelenkfunktionen, Aufbau vom plastischen Werke her empfunden, nicht von der Naturbeobachtung aus. Der Raum wird, im Sinne des Reliefs, aus Zonen geschichtet. 1913: Zwei Körper. (Abb. XXIX.) Reduktion der Einzelformen bis zur Geometrisierung. Schärfste Herausstellung der Gelenkfunktionen. Konsequente Rhythmisierung, auch in der dritten Dimension: der Raum wird umfaßt. In der zeitlich parallelen Gruppe „Boxe" (Abb. VI) ist dies Moment bereits zu größter plastischer Wirkung gestaltet, und das in unseren Tagen zuerst von Archipenko, trotz unbewiesener gegenteiliger Behauptungen. Ja, über das Umfassen des Raumes hinaus wird gerade bei diesem Werk schon etwas begonnen, was an den Zeichnungen selten zu beobachten ist, an der Plastik vom Künstler später herrlich vollendet wurde: Raumgestaltung durch „Pausen", durch Aushöhlung der Form: die kleinen Pariser Figuren von 1915 dürften in der Vollkommenheit der gefundenen Lösung unübertroffen bleiben. (Abb. IX.)

1915 ein weiterer Schritt zu neuer Freiheit: Die Frau mit dem Tuch. (Abb. XXX.) Der Leib als solcher ist stärkstes

Erlebnis des Plastikers geworden. Abtastung des Stoffes, bis in die Kleinformen (Zehen). Zugleich aber: Erfühlung des Körpers als innerhalb eines Luftraumes bestehend. Luft ist Raum: auf den Zeichnungen wird der Kontur in gewissem Abstand von Schatten umrahmt, die zwischen sich und den Körper die Atmosphäre bannen. Dies Kunstmittel wendet Archipenko bei seinen „naturalistischen" Zeichnungen noch heute an. Die jüngsten zeigen daneben eine Steigerung der Linienbewegtheit, herbere Formung durch Ablösung vom Stofflichen zugunsten einer größeren Monumentalität.*)

Zwischen diesen einzelnen Phasen des Gestaltens entstehen immer wieder Blätter, die der vielberedeten Skulpto-Malerei des Künstlers parallel gehen. In ihnen ist die „geometrische" Art von 1915 konsequent weiterentwickelt. Und es entstehen, manchmal unter Verwendung mehrerer Farben und Töne, so vollkommene Leistungen aus Rhythmik, Formschönheit und Raumgefühl wie die „Zwei Frauen" von 1920 oder die Frau im Oval von 1922. (Abb. XXXI u. XXXII.)

„Zeichnen können heißt nicht gut zeichnen."

Wer Archipenkos zeichnerisches und plastisches Können an einem Werk erkennen und genießen will, vertiefe sich in die allseitige Betrachtung des sog. „Torse plat": jegliche, selbst die leiseste Drehung, offenbart neue Wunder plastischer und zeichnerischer Form und immer eine völlige Harmonie. Das ist das Werk eines Plastikers von allererstem Rang. (Abb. X.)

„Die Kunst ist für alle geschaffen, doch sind nicht alle für die Kunst geschaffen." (Archipenko.)

*) Vgl. die Originallithographie im Jahrbuch der Jungen Kunst, 1923. Verlag Klinkhardt & Biermann.

3

Die Inflation der Weimarer Republik wirkte sich negativ auch auf die Kunstwelt und die finanzielle Situation Archipenkos aus. In Zeiten der instabilen Wirtschaftslage – kostete ein Dollar Anfang Juli noch 420 Mark, lag der Kurs Mitte Oktober bereits bei 4430 Mark – sah er für sich keine andere Zukunft, als zusammen mit seiner Frau in die USA auszuwandern. Seine Gedanken hierzu teilt er am 17. Januar 1923 der amerikanischen Kunstmäzenin Katherine Dreier mit:

Ich habe beschlossen, das verrückte Europa zu verlassen [...] Wenn es das einzige Ziel jeder Person ist, ein Stück Brot zu finden und sein Leben zu retten, dann ist es unvermeidlich, dass Europa materialistisch wird. Ich denke, dass Amerika auch ein sehr materialistisches Land ist, aber wenigstens wird einem das Leben garantiert und das ist viel in unserer dummen Zeit.

Nur wenige Wochen später hatte sich sein Vorhaben gefestigt. Wie er am 23. Februar seinem Bruder Eugen berichtet, erhoffte er sich dadurch einen positiven Einfluss auf sein Kunstschaffen:

In meinem vorherigen Brief schrieb ich, dass ich eine Einwanderung in die Wege geleitet hatte, aber nun scheint es, dass ich nicht vor drei oder vier Monaten abreisen kann. Es ist unmöglich für Russen und Ukrainer, nach Amerika einzuwandern. Aber, da ich in Amerika bekannt bin, wird eine Ausnahme für mich gemacht. Washington sendet eine Erlaubnis. Ich schrieb Dir zuvor meine Gründe für meine Reise nach Amerika. Ich denke nicht, dass die politischen und finanziellen Probleme in Europa friedlich gelöst werden und bald werden wir ein neues europäisches Feuer brennen sehen. Ich halte mich fern von der Politik und ähnlichen Veranstaltungen. Mein Beruf setzt Frieden und Ruhe voraus. Der Künstler kann nur fernab der Eitelkeit produktiv sein. Ich bin noch jung und meine künstlerische Karriere ist noch nicht zu Ende. Ich habe noch viel zu sagen in der Kunst.

Obwohl Katherine Dreier für Archipenko gleich nach seiner Ankunft dafür gesorgt hatte, dass er Aufträge bekam, war es für ihn nicht einfach, in den USA Fuß zu fassen. In einem Brief vom Dezember 1924 an Eugen stellt er erbittert fest:

3

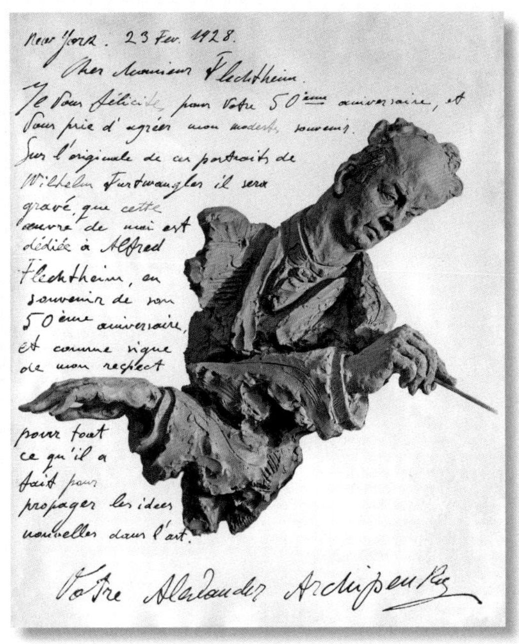

New York. 23 Fev. 1928.
Cher Monsieur Flechtheim.
Je Vous félicite pour Votre 50ème anniversaire, et Vous prie d'agréer mon modeste souvenir.
Sur l'originale de ce portrait de Wilhelm Furtwängler il sera gravé, que cette oeuvre de mon art dédiée à Alfred Flechtheim, en souvenir de son 50ème anniversaire, et comme signe de mon respect pour tout ce qu'il a fait pour propager les idees nouvelles dans l'art.
Votre Alexander Archipenko

Aus dem Brief an Vater wirst Du verstehen, dass meine Geschäfte hier wirklich schlecht stehen und dass ich davon träume, wieder nach Europa zurückzukehren, wo ich so viel mehr Respekt erhalte. Ich bedauere es sehr, dass sich meine Reise nach Amerika in solch ein fragwürdiges Unternehmen verwandelt hat. [...] Wenn ich nach Europa zurückkomme, werde ich meine Memoiren über meinen Aufenthalt hier schreiben und dann wirst Du verstehen, wie barbarisch dieses Land ist.

Seine guten Beziehungen zu Europa beziehungsweise Deutschland brachen nicht ab. Nicht nur zu seinem frühen Förderer Herwarth Walden pflegte er Kontakt, sondern auch zu dem wichtigen Kunsthändler Alfred Flechtheim in Berlin. Anlässlich dessen 50. Geburtstags widmete er ihm ein kleines Porträt Wilhelm Furtwänglers als Zeichen seiner Dankbarkeit.

---

3 Brief von Alexander Archipenko an Alfred Flechtheim vom 23. Februar 1928

4

In den 1950er Jahren setzte sich Archipenko wieder intensiver mit seiner Skulpto-Malerei aus seinem Frühwerk auseinander und entwickelte sie weiter. Wie schon in seinen frühen Werken experimentierte er mit neuen, unterschiedlichen Materialien wie Holz, Bakelit, Resopal, Aluminium oder diversen, auf der Straße gefundenen Objekten. Seine Frau Frances erinnert sich in ihrer Autobiografie My life with Alexander Archipenko *an diese Zeit mit ihm:*

Vom frühen Morgen bis zum Spätnachmittag widmete sich Alexander abwechselnd mehreren großen Mixed-Media-Konstruktionen, die sich in verschiedenen Stadien der Fertigstellung befanden. Seine Wandreliefs, die er »Skulpto-Malereien« nannte, verteilte er im ganzen Atelier, je nachdem, ob sie frisch geschnitten und für erste Arbeitsschritte bereitstanden oder auf eine nächste Etappe warteten. Durch das offene Fenster trug die Frühlingsluft die vertrauten Straßengeräusche herein, drinnen lärmte ein Industrieventilator.

Die Skulpto-Malereien gründeten in der Regel auf Skizzen, die meist Anmerkungen zu Farben und Materialien enthielten, manchmal waren sie auch in Quadrate unterteilt, um sie maßstabsgetreu vergrößern zu können (S. 69). Das fertige Werk sah dem ursprünglichen Konzept oft sehr ähnlich. Die Zeichnungen waren Alexander ebenso kostbar wie die Studien für Skulpturen, die er seit den 1930er Jahren anfertigte und mit roten »X« auf dem Blatt für eine spätere Ausführung kennzeichnete. Diese Skizzen verfolgten einen anderen Zweck als die Zeichnungen, die er zur Erinnerung an fertige Skulpturen machte. Mehr als die ersten Skizzen waren es wohl manchmal die Fundstücke aus der Canal Street, die ihn zu neuen Ideen anregten.

---

4 Skizze zu *Orange and Black*, 1957, Bleistift auf Papier, Frances Archipenko Gray Collection

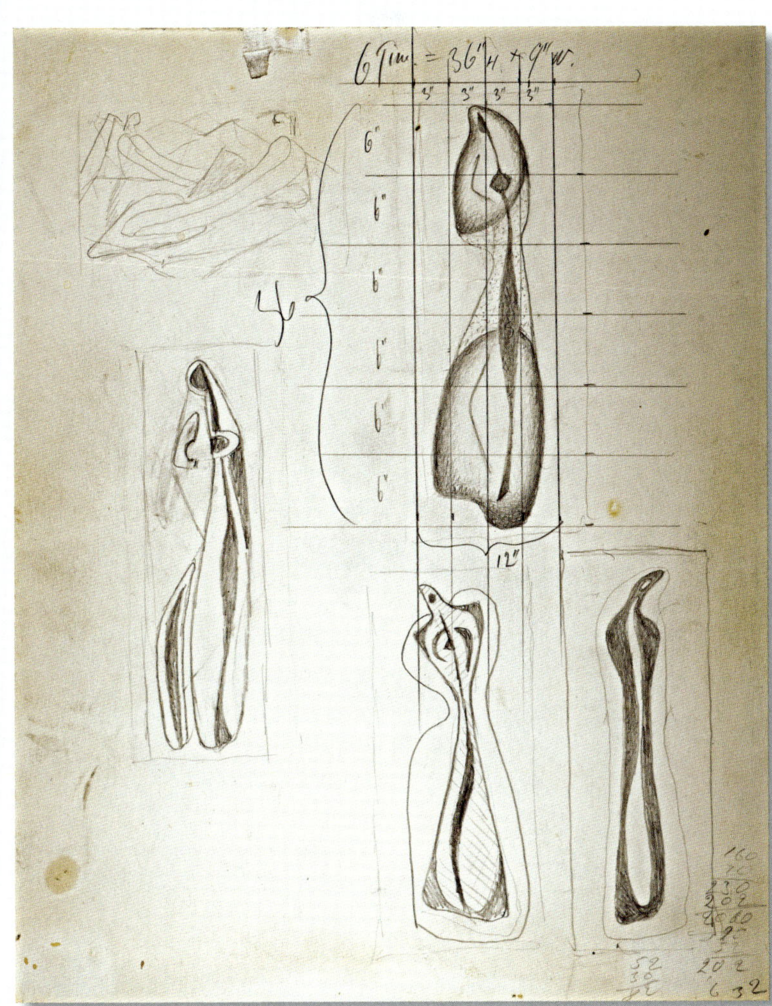

4

QUELLEN

BILDNACHWEIS

Die Vorlagen wurden freundlicherweise von den in den Bildlegenden genannten Museen und Sammlungen zur Verfügung gestellt oder stammen aus dem Archiv des Verlags bzw. von:

(Die Ziffern geben die Seitenzahl an)
Archipenko Foundation, Bearsville, NY: 42, 45, 49, 51, 53, 55
bpk: 67
Scala Group: 38

FOLGENDEN LITERATURQUELLEN WURDEN TEXTAUSZÜGE ENTNOMMEN

Frances Archipenko Gray, *My life with Alexander Archipenko*, München 2014: 11–41, 69
Brief an Katherine Dreier, 17. Januar 1923, zitiert nach Alexandra Keiser, »Paris, Berlin, New York – Alexander Archipenko in den zwanziger Jahren«, in: Ralph Melcher (Hrsg.), *Alexander Archipenko*, Saarbrücken 2008: 66
Brief Alexander Archipenkos an seinen Bruder Eugen Archipenko, 23. Februar 1923 und Dezember 1924, zitiert nach Alexandra Keiser, »Paris, Berlin, New York – Alexander Archipenko in den zwanziger Jahren«, in: Ralph Melcher (Hrsg.), *Alexander Archipenko*, Saarbrücken 2008: 66, 67

Klinkhardt & Biermann Verlag
Lentnerweg 14
D-81927 München
Tel. +49 (0)89-93 93 37 56
Fax +49 (0)89-943 99 26 84
info@klinkhardtundbiermann.de

Umschlagabbildung: Detail aus *Prophet and Woman*, 1961, Pastell und Gouache auf Karton, Frances Archipenko Gray Collection
Doppelseite 2/3: Detail aus *Festive*, 1961, Bronze, Frances Archipenko Gray Collection
Doppelseite 4/5: Detail aus *Two Bodies*, ca. 1961, Pastell und Bleistift auf Papier, Frances Archipenko Gray Collection

www.klinkhardtundbiermann.de

—
PROJEKTLEITUNG UND LEKTORAT
Büro Anne Funck, München

—
ENGLISCHE REDAKTION
Rita Forbes, München

—
ÜBERSETZUNG
Birgit Lamerz-Beckschäfer, Datteln

—
GESTALTUNG UND HERSTELLUNG
Marion Blomeyer, Rainald Schwarz, München und Weil

—
LITHOGRAFIE
Reproline mediateam GmbH, München

—
DRUCK UND BINDUNG
Passavia Druckservice GmbH & Co. KG, Passau

Der Verlag dankt Frances Archipenko Gray, Dr. Alexandra Keiser und Christopher Hyde für die umfassende Unterstützung.

Die Deutsche Nationalbibliothek verzeichnet diese Publikation in der Deutschen Nationalbibliografie; detaillierte bibliografische Daten sind im Internet unter http://dnb.d-nb.de abrufbar.

ISBN 978-3-943616-26-2

Printed in Germany

BISHER ERSCHIENEN

01 PAUL KLEE
978-3-943616-00-2

02 PAUL GAUGUIN
978-3-943616-01-9

03 VINCENT VAN GOGH
978-3-943616-02-6

04 JOHANNES GRÜTZKE
978-3-943616-03-3

05 YONGBO ZHAO
978-3-943616-18-7

06 PAULA MODERSOHN-BECKER
978-3-943616-05-7

07 AUGUST MACKE
978-3-943616-06-4

08 FRANZ MARC
978-3-943616-07-1

09 HEINRICH CAMPENDONK
978-3-943616-08-8

10 EUGEN SCHÖNEBECK
978-3-943616-09-5

11 EMIL NOLDE
978-3-943616-11-8

12 MAX PECHSTEIN
978-3-943616-15-6

14 PABLO PICASSO
978-3-943616-21-7

15 LYONEL FEININGER
978-3-943616-24-8

16 OTTO MODERSOHN
978-3-943616-25-5

17 ALEXANDER ARCHIPENKO
978-3-943616-26-2

IN VORBEREITUNG

13 WILLEM DE KOONING

18 HENRI MATISSE

19 WASSILY KANDINSKY

Die historische Reihe *Junge Kunst* erschien von 1919 bis 1933 mit 62 Bänden im Klinkhardt & Biermann Verlag (gegründet 1907). *Alexander Archipenko* wurde 1923 als Band 40 publiziert.
Seit 2012 wird die *Junge Kunst* überarbeitet neu aufgelegt und fortgesetzt.

WWW.KLINKHARDTUNDBIERMANN.DE